Edition Akzente
Herausgegeben von
Michael Krüger

Lars Gustafsson

Die Bilder an den Mauern der Sonnenstadt

Essays über Gut und Böse

Aus dem Schwedischen
von Ruprecht Volz

Carl Hanser Verlag

Titel der Originalausgabe:
Bilderna på solstadens murar

und
Stunder vid ett trädgårdsbord

ISBN 3-446-15012-9

Umschlag: Klaus Detjen unter Verwendung
eines Stahlstiches aus dem 19. Jahrhundert
Satz: LibroSatz, Kriftel/Taunus
Druck und Bindung: Pustet, Regensburg
Printed in Germany

Inhalt

Vorwort

Dieses Buch enthält im wesentlichen drei Gedankengänge. Der erste hat mit Moral zu tun und handelt eigentlich nur davon, daß Macht nie dasselbe sein kann wie Recht. Von dieser Erkenntnis gehen dann die Erkundungen in verschiedene Richtungen: zur Tragödie der Utopien, die darin besteht, daß sie die Welt in ein Gefängnis verwandeln, indem sie die Welt befreien wollen, zur Moral des Judentums und Israel und zur moralphilosophischen Tradition Schwedens bis hin zu den zynischen Machtphilosophien unserer Tage.

Die andere Linie, die in dieser Auswahl durch *Mensch und Tier* vertreten ist, behandelt alte Ideen, die jetzt zerbröckeln, und das »unreife Neue« (Tegnér), das sich vielleicht allmählich herauskristallisiert und die Philosophie einer neuen Zeit bilden wird.

Eine dritte Linie des Buches ist im herkömmlichen Sinn am »philosophischsten«. Die meisten Aufsätze versuchen, in unterschiedlicher Weise das spezifisch Philosophische in den philosophischen Problemen einzukreisen. Philosophie ist, meine ich, lange genug mit Mathematik und Naturwissenschaften verwechselt worden, genauso wie die Religion allzu lange mit der Philosophie vermengt worden ist. Es ist jetzt Zeit, nach einer reinen Philosophie in Edmund Husserls Sinn zu fragen. Die Schlußworte des Aufsatzes *Von den vertrauten einzelnen Gegenständen* können vielleicht meinen Standpunkt verdeutlichen:

»Die verschiedenen ›modernen‹ Fragen führen uns unerbittlich zu den vorsokratischen Fragen nach der Natur des Seins zurück. Sie repräsentieren nicht ein ›primitiveres‹ Stadium in der Entwicklung der Philosophie. Sie *sind* die philosophischen Fragen.«

Der Aufsatz über Linnés *Nemesis Divina*, der die Möglichkeit untersucht, wie man das Nemesis-System auf eine moderne Informationstechnologie und ihre unbefugten Eingriffe in die bürgerlichen Grundrechte anwenden kann, mag in all seiner Unvollkommenheit eine neue Form der Soziologie eröffnen.

Das Buch sollte nicht in einem Zug gelesen, sondern – wie alle Bücher dieser Art – mit Vernunft verwendet werden, etwa wie eine Flasche Åalborg-Aquavit im Kühlschrank. Bei mir hält eine solche Flasche oft ein ganzes Frühjahr.

Lars Gustafsson

Auf dem Weg zu einer neuen Moral

Die Bilder an den Mauern der Sonnenstadt

Die Stadt in Tommaso Campanellas Sonnenstaat ist von sieben Ringmauern umgeben. Sie tragen Namen nach den sieben Planeten, und man kann dieses System konzentrischer Kreise nur auf vier Straßen durchqueren, die rechtwinklig durch Tore in die vier Himmelsrichtungen hinausführen.

Diese Mauern sind mit Bildern geschmückt. So berichtet es mit großen Augen ein Seemann aus Genua, der Augenzeuge in Campanellas Werk *Der Sonnenstaat* (1602) ist. Dieser Seemann ist einer der wenigen, die diesen entlegenen Idealstaat »auf einer großen Ebene ganz am Äquator« gesehen haben, und seine Schilderungen von dessen strenger Geometrie sind ebenso detailliert wie enthusiastisch.

Die Innenseite der innersten Ringmauer zeigt alle geometrischen Figuren mit den zugehörigen Sätzen, »mehr als bei Euklid und Archimedes«. Auf der Außenseite sieht man eine Karte der ganzen Erde.

Auf der Innenseite der zweiten Ringmauer gibt es alle Bergarten, auf der Außenseite Seen, Meere und Flüsse und »ebenso Weine, Öle und andere Flüssigkeiten mit Wirkung«. Alle Bäume und Kräuter der Erde sind auf der Innenseite der dritten Ringmauer abgebildet, und in einer Inschrift werden »ihre geheime Kraft und ursprüngliches Vorkommen, ihre Verwendung in der Medizin und ihre Ähnlichkeit mit den Sternen, den Metallen und den menschlichen Gliedern« angegeben. An der Außenseite werden alle Fischarten der Flüsse, Seen und Meere aufgeführt. (»Ich staunte wirklich, als ich Fische fand, die einem Bischof, einer Kette, einem Nagel oder Stern glichen, genauso wie sie uns erscheinen.«)

Es geht mit den Bildern der Vögel auf der Innenseite der vierten Ringmauer und der Insekten auf ihrer Außenseite weiter. Auf der fünften Mauer befinden sich die vierfüßigen Tiere der Erde: »Es gibt hier so viele wunderbare Pferdegemälde und andere schöne Tierbilder mit gelehrten Erklärungen!« Auf der siebten Mauer gibt es alle die technischen Fertigkeiten mit ihren

Erfindern, und an ihrer Außenseite sieht man »alle Schöpfer von Gesetzen, Wissenschaften und Waffen«.

Diese vielleicht bedeutendste aller utopischen Schriften der Renaissance ist zugleich faszinierend und abschreckend. Der Staat, der hier dargestellt wird, ist in seiner Uniformität und geometrischen Regelmäßigkeit und mit seinem Traum von einem total organisierten und total überwachten menschlichen Zusammenleben ein Alptraumbild des unumschränkten Staates. Von der Arbeitsteilung bis zur Fortpflanzung und Liebe ist das Leben der Bürger nach einem abstrakten Grundmuster durchorganisiert. Campanella zögert nicht einmal, sie in Uniform zu stecken, zu einer Zeit, als nicht einmal Soldaten uniformiert waren.

Man kann dieses merkwürdig schöne und schreckliche Buch als eine düstere Prophezeiung lesen.

Es enthält auch ein psychologisches Rätsel. Es ist im Gefängnis der Inquisition im Castel Nuovo zu Neapel geschrieben worden. Durch seine Teilnahme an dem mißglückten kalabrischen Aufstand 1599 und durch philosophische und politisch-religiöse Lehren, die nicht nur einige der ketzerischsten Züge neuplatonischen Denkens in der Renaissance, sondern auch Träume von Weltherrschaft enthalten, ist diesem unverbesserlichen Dominikanermönch das Kunststück gelungen, sich gleichzeitig die allerstrengsten Urteile der weltlichen und geistlichen Gerechtigkeit zuzuziehen.

Als Campanella seinen Sonnenstaat beschreibt, hat er wiederholt Folterungen hinter sich. Mit fast unverständlicher innerer Ruhe hat er so berüchtigte Torturen wie »Das Seil«, »Die Wache« und »Das Fohlen« überstanden. Er rettet sich schließlich, indem er – offensichtlich wirkungsvoll – Wahnsinn vortäuscht. Am dreizehnten November jenes verhängnisvollen Jahres 1602 wird in Rom das Urteil der Kirche über ihn gesprochen. Der Mann, der aus astrologischen Gründen – eine ganz außergewöhnliche Konstellation herrscht bei seiner Geburt – geglaubt hat, er werde ein neues Zeitalter einleiten und am Anfang des neuen Jahrhunderts eine neue Weltordnung schaffen, wird statt dessen zu lebenslänglicher Haft verurteilt. Sie dauert fast sein Leben lang.

Aus dieser Situation erwächst Campanellas Traum von einer vollendet geometrischen Machtstruktur. Der Gefangene träumt vom Staat als dem totalen Gefängnis, aber einem Gefängnis, das ästhetisch vollendet ist und in seiner unzerstörbaren geometrischen Struktur die des Universums widerspiegelt.

Wir dürfen diese Situation natürlich nicht unhistorisch sehen.

Was uns als der Traum vom vollkommenen Gefängnis erscheint, kann in der Welt der Renaissance ein Freiheitstraum sein. Hinter Campanellas Utopie zeigt sich ein kompliziertes Geflecht von Traditionen. Da gibt es Augustinus' Gottesstaat und die großen rhetorischen Träume der Architekten Alberti und Filarete, hier ist der starke platonische Einfluß von Bernardino Telesio ebenso vorhanden wie der alchemistische von Giambattista della Porta.

Campanella träumt nicht nur von einer Stadt derselben Schönheit und Harmonie, von der die Ruinen der Antike zu zeugen scheinen. Über seiner Stadt spannt er ein Netz subtiler Allegorien aus. Die Mauer ist bei Städtegründern der Renaissance, wie der Kunsthistoriker Hermann Bauer gezeigt hat, nicht nur Befestigung.

Die Mauer garantiert Individualität und Überschaubarkeit. Die Mauer macht die Stadt zu einem Modell, dessen sämtliche Teile man überblicken kann. Wenn man so will, macht die Mauer die Stadt zu einer Persönlichkeit.

Campanellas Sonnenstaat stammt jedoch aus einer Zeit, als die großen Architekten und Planer an dem vollendeten Ausdruck des öffentlichen Zusammenlebens von Menschen, der einst den Dom und das Baptisterium in Florenz prägte, bereits zu zweifeln beginnen. Um 1500 ist in Italien das richtig große Fest zu Ende. Die großen Ansprüche trennen sich in Staatstheorie und utopische Träume.

Die Idee eines funktionierenden Staates macht viele andere Träume überflüssig.

Die Mauerbilder des Sonnenstaates sind nicht mehr künstlerischer Ausdruck, sie sind lehrhaft, allegorisch. Sie haben eine erzieherische Funktion. Die Kunst ist nützlich geworden.

Die Bilder auf den Mauern der Sonnenstadt sind zu Hilfsmitteln reduziert. Etwa zur selben Zeit, als *Der Sonnenstaat* geschrieben wird, verbreitet sich eine Art mnemotechnischer Handbücher. Sie gehen eigentlich auf mittelalterliche enzyklopädische Systeme zurück. Um einen großen Zusammenhang im Gedächtnis zu behalten, wenden sie denselben Trick an, den viele von uns als Kinder benutzt haben; man stellt sich seinen Schulweg, eine Gegend oder eine Stadt vor und denkt sich an jeder Straßenecke ein französisches Verb oder eine Jahreszahl. Cosmas Rosselius verfaßte ein solches mnemotechnisches Handbuch *Thesaurus artificiosae memoriae*, das in Venedig zu dieser Zeit, jedoch ohne Angabe des Jahres gedruckt wurde.

Darin erblicken wir eine ganze Stadt mit Mauern, Türmen, Bauwerken und Straßen, und alle diese festen Punkte sind mit nützlichem Wissen verbunden. Eine Stadt ist zu einem Spiegel der Welt, einer Stadt des Wissens, einer Bilderbuchstadt geworden.

In gleicher Weise sind die Bilder der Welt auf Campanellas Mauern so angeordnet, daß jedes Bild auf den richtigen Platz an der richtigen Mauer kommt.

Seine Stadt ist ebenso sehr eine innere wie eine äußere Stadt, Abbild einer menschlichen Erinnerung wie eines Idealstaates. Die Orte der Sonnenstadt gehören mehr einem inneren als einem äußeren physikalischen Raum an.

Wir erblicken ein abstraktes Schema, keine Stadt auf der Erde.

Bei den munteren Späßen in Rabelais' *Pantagruel* können wir sehen, wie solche utopischen Wunschträume Gegenstand ausgelassenen Spottes sind und wieder in Unordnung, in gewöhnliche epische Erzählung zusammenfallen.

Die unberechenbare Wirklichkeit mit ihrer Unordnung, ihrer unüberschaubaren, reichen Vielfalt stürzt sich wie Frühjahrshochwasser auf das abstrakte Schema und verschlingt es.

Gibt es eine Erkenntnis, die wir aus den Bildern auf den Mauern der Sonnenstadt gewinnen können?

Es liegt eine Art fundamentaler Doppeldeutigkeit in den städteplanerischen Bemühungen der Renaissance: Je mehr man versucht, die Stadt – die der sichtbare Ausdruck eines unsichtbaren, die ganze Zeit aber vorhandenen Schemas ist, nämlich des Staates – zu einem Kunstwerk zu machen, desto mehr scheint die Rolle der gewöhnlichen Kunst zu einem Beiwerk innerhalb der Mauern des großen Kunstwerkes reduziert zu werden.

Dies erinnert uns natürlich zwangsläufig an die reichen Erfahrungen in den sechziger und siebziger Jahren unseres Jahrhunderts mit revolutionären Befreiungsbewegungen, denen es gelingt, ihre eigene Kunst, ihre eigenen Schriftsteller bis zu dem Augenblick zu begeistern, in dem die Revolution kommt. Wie dünn, wie statisch wirken aber die Romane von »der befreiten Gesellschaft«, verglichen mit denen, die leidenschaftlich von der Notwendigkeit des Befreiungskrieges zu erzählen wußten!

Wo das Schema gesiegt hat, wo alles seinen richtigen Platz gefunden hat, bleibt es den Künstlern übrig, die leeren Flächen an den Mauern mit ihren belehrenden Hieroglyphen zu füllen. Jetzt muß die Welt die Stadt spiegeln.

Unser eigenes Leben im Schweden der achtziger Jahre wird wohl nicht mehr so sehr von Mauern geprägt, wohl aber durch den Traum von einem eingezäunten Garten, von einer Gesellschaftsform, in der jede Funktion ihren rechten Platz hat. Wie lange man diesen Gartentraum am Leben halten kann, ist schwer zu sagen.

Aber die Kulturpolitik, die die siebziger Jahre prägte, – und nicht wenig von der Kunst, die das Ergebnis davon war –, übernahm gerade die *bestätigende* Funktion, die die Bilder an den Mauern der Sonnenstadt haben. Im Roman entstanden Schemata, wie ein Lebensschicksal aussehen muß, um mit dem größeren Muster übereinzustimmen, in unzähligen Gedichten wurden uns die Gefühle vorgeschrieben, die mit dem richtigen Gefühl übereinstimmten. Dies hinterließ tiefe Spuren nicht nur in der Dichtung, sondern auch in der Kritik und der Pädagogik: Kunstwerke erhielten *Zugehörigkeiten.* Unbefugte Kunstwerke konnten nicht mehr in staatliche Paperbackreihen kommen, einige Bücher waren von Anfang an von allen Literaturpreisen ausgeschlossen, die Literaturgeschichte wurde dünner.

Dieser Dominanz des Schemas steht in der schwedischen Tradition eine ganz andere Erfahrung gegenüber, die Gunnar Ekelöf in seiner Generation wohl am besten ausdrückte: daß Dichtung das behandelt, das immer übrigbleibt, und daß die Rolle des Dichters der des Landstreichers, des Juden und des Lappen gleicht, *keinen* zugewiesenen Platz im Schema zu haben.

Autonomie der Kunst, formuliert als Fähigkeit der Kunst, das auszusprechen, was die Gesellschaft nicht aussprechen *kann* und nie versuchen *darf* auszusprechen. Das ist die andere Seite der Mauer.

Negation als Spiegel
Utopie aus epistemologischer Sicht

1. Negation

Schon seit Thomas Morus beginnt die Bezeichnung des Begriffs – ›Utopia‹ – mit einer *Negation*, und das hat einiges für sich. Trotz ihrer Verschiedenheit haben doch alle utopischen Texte etwas Gemeinsames: sie handeln von Fiktionen, also mit anderen Worten, sie beschreiben mit einem unterschiedlichen Maß an Klarheit, Detail und Dichte einen Zustand, den es gegeben haben könnte, den man vielleicht verwirklichen kann, der sich aber unter *keinen* Umständen in der heutigen Welt verwirklichen läßt.

Am Anfang der utopischen Tradition steht die Negation. Dies wird in einem sumerischen Gedicht, zitiert nach den Autoren Manuel und Manuel in ihrem vor kurzem erschienenen Werk *Utopian Thougt in the Western World*, sehr schön verdeutlicht:

»In those days there was no snake, there was no scorpion,
there was no *hyena*,
There was no lion, there was no *wild dog*, no wolf,
There was no fear, no terror,
Man had no rival.«[1]

Ob Utopia nun existiert haben soll, ob es woanders – nur *nicht hier* – existiert (was in der Regel *nirgends* heißt) oder ob es sich um etwas handelt, das entsteht, wenn bestimmte Bedingungen erfüllt werden, es muß sich immer der Negation als wichtigster logischer Operation bedienen, denn vor allem erwarten wir von einem Utopisten natürlich, daß er erklärt, in welcher Hinsicht und inwieweit sich der von ihm gedachte Zustand *unterscheidet*, den wir in der Welt vorfinden, wenn wir uns darin umsehen.

Wenn aber Philosophen etwas mit Schweiß und Tränen gelernt haben, so ist es dies, daß es mit der Negation als einer logischen Operation nicht so einfach bestellt ist, wie es zunächst den Anschein hat.

Arnauld und Nicole haben diese Operation samt der in ihr enthaltenen Schwierigkeiten sehr treffend formuliert. Sie schreiben:

»Die Natur einer negativen Aussage kann nicht klarer ausgedrückt werden als dadurch, daß man sagt, sie besteht darin zu begreifen, daß ein Ding nicht ein anderes ist.«[2]

Dies ist einerseits eine schlüssige Formulierung, die sich andererseits aber nicht auf irgendeine spezifische Negationstheorie festlegt.

Eines der Rätsel, die uns die Negation aufgibt, besteht natürlich darin, daß sie weniger festgelegt erscheint als eine elementare, affirmative Aussage.

Wenn man von diesem Raum hier beispielsweise sagt, es befände sich ein indischer Elefant darin, so erhält man einen Hinweis darauf, was einen erwartet, wenn man die Tür öffnet und eintritt; andererseits, wenn man sagt, es sei kein Elefant darin, so wird die Situation ganz unbestimmt. Ein Zimmer braucht zwar keinen Elefanten zu enthalten, es kann aber aufgrund verschiedener wichtiger Aspekte völlig unterschiedlich beschaffen sein. Was die negative Aussage über Elefanten anbetrifft, so gibt es keine Möglichkeit zu bestimmen, ob der Raum voll arabischer Bauchtänzerinnen, linksgerichteter Demonstranten oder lutherischer Geistlicher ist. Denn auf all diese Räume trifft die Beschreibung eines »Raumes, der keinen Elefanten enthält«, zu. Außerdem könnte es sein, daß sich ein Raum, der keinen indischen Elefanten enthält, nicht von einem Raum unterscheidet, der keine Bauchtänzerin, keinen demonstrierenden linken Studenten bzw. keinen lutherischen Geistlichen enthält. Andererseits gibt es nichts Widersprüchliches in der Annahme, daß Räume, die bestimmte negative Charakteristika gemeinsam haben, sich nicht in anderer Hinsicht unterscheiden können.

Bei den Philosophen spielt diese grundlegende Einsicht in die logische Natur negativer Aussagen in der Diskussion über Wahrheitsbegriffe eine wichtige Rolle. Da echte negative Aussagen nicht festgelegt sind, fällt es schwer zu glauben, daß ihr Wahrheitsgehalt darin besteht, die Wirklichkeit abzubilden. Da utopische Konzepte jedoch zu einem großen Teil sprechende Bilder sind, um einen Ausdruck von Sir Philip Sidney zu gebrauchen, wird der Utopist schon bald mit einer ähnlichen Schwierigkeit konfrontiert.

Die grundlegende Bedingung einer Utopie besteht darin, daß sie sich von der uns bekannten Welt unterscheiden muß. Wenn dieser Unterschied aber *gänzlich* negativ formuliert ist, bleibt für uns kein *Bild*, das wir begreifen können.

Wenn uns Thomas Morus von einer Gesellschaft berichtet, in der Gold keinen Marktwert besitzt, Tommaso Campanella von einer Gesellschaft, in der es die Ehe, wie wir sie kennen, nicht gibt, der Marquis de Sade von einer Gesellschaft, in der dem sexuellen Vergnügen keine Grenzen gesetzt sind, usw., so werden wir mit einem ähnlichen Mangel an entscheidenden Informationen konfrontiert wie im Falle der von mir als Beispiel genannten Räume.

Obgleich wir durchaus in der Lage sind, viele Gesellschaften zu begreifen, in denen eine Reihe negativer Charakteristika verwirklicht sind, können wir uns keine spezifische Gesellschaft vorstellen, die diese Charakteristika aufweist und dadurch andere Realisierungen derselben Charakteristika *ausschließt*. So sieht sich der Utopist vor die Aufgabe gestellt, eine Leere zu füllen, die er selbst durch eigene Negationen geschaffen hat. Die Vision einer Utopie besteht zunächst darin, eine Lücke in der Einbildungskraft zu finden und sie dann wieder zu schließen. Bevor wir uns den verschiedenen Techniken zuwenden, wie diese utopische Lücke zu schließen ist – und dies ist das Hauptanliegen meines Textes –, werde ich kurz auf eine wichtige Komplikation eingehen, die jedoch die Aufgabe des Utopisten etwas erleichtert.

2. Die Funktion von Kontext und schwachen logischen Beziehungen

In einem normalen Alltagsgespräch wird eine Negation selten in einer so uneingeschränkten Form gebraucht wie in den Beispielen in Teil 1. Wenn ich z. B. von meiner Frau gefragt werde, ob etwas im Briefkasten war, antworte ich natürlich mit ›nein‹, auch wenn ein paar Insekten und ein Spielzeugauto vom Nachbarsohn darin waren. Der implizierte Bereich, den sie damit anspricht, ist nicht allumfassend. Er ist beschränkt auf *Post.* Und diese Beschränkung ergibt sich aus dem Zusammenhang (is *contextually implied*, um einen Ausdruck von P. H. Nowell-Smith zu benutzen[3]) der Situation.

Die kontextuelle Bedeutung könnte man als eine der vielen *schwachen* logischen Beziehungen betrachten, die für die Aussagen gelten, welche wirkliche Menschen in wirklichen Situationen machen und die sozusagen Teil des Situationsrahmens sind. Die Rolle schwacher logischer Beziehungen in der Geschichte der Ideen (besonders in der Geschichte der Philosophie) nicht zu beachten, führt bekanntlich zu einer interpretativen Unbeweglichkeit und manchmal zu widersprüchlichen Rezeptionen desselben Textes. Es ist nur natürlich, schwache logische Beziehungen innerhalb eines historischen Kontextes zu übersehen, weil sie vor dem Betrachter verschwimmen, da auch die ihn umgebende Situation sich verändert.

Die Negation im utopischen Text wird immer vor dem Hintergrund eines tatsächlichen Zustandes begriffen, von dem vorausgesetzt wird, daß er dem Autor wie auch dem Leser bekannt ist. Kenntnis dieses Zustandes ist sowohl etwas, das Negation provoziert, als auch etwas, das die dadurch geschaffene Lücke füllt. Ein gutes Beispiel hierfür findet sich in Thomas Morus' *Utopia.* Was dort in einem Dialog über das Fehlen von Privateigentum gesagt wird, über das utopische Gesetz, das jeden freien Bürger verpflichtet, zwei Jahre auf dem Land zu arbeiten, über den Austausch von Arbeitskräften zwischen städtischen und ländlichen Gebieten, sollte nicht als Negation von Privateigentum als einem allgemeinen Phänomen und auch nicht einer Aufteilung des Landes in ländliche und städtische Gebiete betrachtet werden. Diese utopischen Ideen verstehen sich in einem bestimmten Kontext, der die Zustände auf dem Lande in England betrifft, zu der Zeit, als auch Morus' *Alter ego* spricht:

»Now there is the great number of noblemen who not only live idle themselves like drones on the labors of others, as for instance the tenants of their estates whom they fleece to the utmost by increasing the returns (for that is the only economy they know of, being otherwise so extravagant as to bring themselves to beggars!)[4]

[. . .] Consequently, in order that one insatiable glutton and accursed plague of his native land may join field to field and surround many thousand acres with one fence, tenants are evicted. Some of them, either circumvented by fraud or overwhelmed by violence, are stripped even of their own property, or else, wearied by unjust acts, are driven to sell. By hook or by crook the poor wretches are compelled to leave their homes – men and women, husbands and wives, orphans and widows, parents with little children and a household not rich but numerous, since farm work requires many hands. Away they must go, I say, from the only homes familiar and known to them, and they find no shelter to go to [. . .]

After they have soon spent that trifle in wandering from place to place, what remains for them but to steal and be hanged – justly, you may say! – or to wander and beg.«[5]

Nur wenige utopische Autoren beschreiben das Korrelat ihrer utopischen Visionen so lebensnah und erschreckend wie Morus in seiner Schilderung des ländlichen Lebens in England im frühen 16. Jahrhundert.

Zusammen mit dem implizierten Kontext verwandelt sich die Negation im utopischen Text in einen Spiegel. Damit aber eine Spiegelung stattfinden kann, brauchen wir eine Vorstellung vom Kontext hinter den Negationen »im« Spiegel. Der Utopist beschreibt nicht den von ihm fiktiv angesehenen Zustand *im Unterschied zur Welt im allgemeinen*, sondern *im Unterschied zu etwas*, das bestenfalls wenigstens partiell durch seinen Text verdeutlicht wird. Dies ist natürlich von großer Bedeutung für denjenigen, der sich mit der Geschichte von Ideen beschäftigt, und die wichtigste Folgerung daraus ist wohl, daß die Interpretation einer klassischen Utopie immer eine Rekonstruktion des Kontextes ist. Die Gefahr, sich in hermeneutischen Zirkelschlüssen zu verfangen, ist groß, und dies wäre verhängnisvoll für unser Verständnis von historischen utopischen Texten, wenn wir nicht im Besitz von unser Wissen bestätigenden und ergänzenden Materialien wären. Eine weitere Konsequenz besteht darin, daß sich unsere

Interpretation von historischen Texten ändert je nachdem, was wir in unserer eigenen Situation für wichtig halten. Außerdem ändern sich utopische Texte vom Inhalt und von der Richtung her in dem Maße, wie sich die Welt, in der wir leben, ändert. Klassische Texte nehmen neue Gesichter an, bzw. es wird schwierig, sie zu verstehen. Puritanern gehen die ironischen Akzente von Morus' *Utopia* verloren; sein Werk erscheint ernster und melancholischer als es Morus' Absicht war.

Der Utopist beweist Vertrauen in *sein* Wissen von der Welt, indem er sich auf den schwachen logischen Zusammenhang innerhalb der Negationen seiner Alternativkonstruktion verläßt. Bei der Konstruktion einer Utopie verweist der Konstrukteur darauf, daß *er* etwas über die Welt, die er vorfindet, weiß, und läßt eine Vertrautheit mit der generellen kritischen Einstellung gegenüber seiner Zeit erkennen. Diese Annahme wird bei der Interpretation utopischer Texte häufig übersehen. In dem Maße, wie es sich bei der Konstruktion einer Utopie um eine soziale Angelegenheit handelt, um eine Frage, über die allgemein gesprochen wird und die alle betrifft, können die Negationen dieser Utopie als ein sozialer Akt der Gemeinschaft dienen, als ein Akt der Zugehörigkeit zu einem Korpus allgemein geteilter Ansichten. Die Negationen eines utopischen Konstrukts implizieren daher durch schwache logische Verbindungen eine spezifische Erfahrung, zumindest bezogen auf die Situation des Autors (und vielleicht auch auf die Situation der Gemeinschaft), die es zu negieren gibt.

Jedoch könnte man den wichtigsten Teil der unausgesprochenen Vermutungen des Utopisten seine »philosophische Anthropologie« nennen, das Konzept und Ideal vom Menschen, welches durch den Spiegel impliziert wird. Ist der Mensch gut oder böse? Ist der Mensch grundsätzlich ein vernünftiges Lebewesen, das sich nur, wie Turgot es sah, gelegentlich durch zerstörerische Leidenschaften erregen läßt? Oder ist die Leidenschaft eine grundlegende Eigenschaft des Menschen, die durch strenge Gegenmaßnahmen unter Kontrolle gehalten werden muß, wie Campanella es forderte? Solche nur implizierten Betrachtungen wirken sich nachhaltig auf den Spiegel aus.

Der implizierte situative Kontext eines utopischen Textes kann natürlich niemals eine ausreichende Grundlage zur Beantwortung *aller* Fragen bieten, die wir an einen solchen Text richten könnten, selbst wenn wir den Hintergrund kennen. Eine Fiktion, eine imaginäre alternative Welt kann niemals Alternativen zu all den Dingen der gewöhnlichen Welt bieten. Selbst unter Berücksichtigung des implizierten Kontextes kann eine Utopie niemals die Informationsfülle einer soziologischen Beschreibung erreichen, denn da letztere sich aus der uns umgebenden Welt ableitet, werden von uns neu zu stellende Fragen an die bestehende Welt immer wieder Fragen aufwerfen, die ein utopisches Konstrukt niemals beantworten kann, eben weil es sich um ein Derivat handelt. Keine Utopie kann alles sein. Utopien können jedoch in zweifacher Hinsicht einen reichen Informationswert haben.

3. Utopische »Intensität« und utopische »Dichte«

Wenn wir uns, in Form einer *Auflistung*, die verschiedenen Utopien seit Plato ansehen, stoßen wir auf einige wiederkehrende charakteristische Gedankenexperimente. Es bietet sich an, eine zweite Liste mit solchen charakteristisch *utopischen Themen* aufzustellen, wie etwa:

Abschaffung von Privateigentum; Abschaffung von privatem Grundbesitz; Abschaffung der Geldwirtschaft; Abschaffung moralischer und sittlicher Beschränkungen der Sexualität; gerechte Verteilung der verschiedenen Berufe innerhalb der Bevölkerung; und eine einheitliche Kleidung.

Diese Themen, die sich natürlich nicht in *allen* utopischen Texten wiederfinden, bilden eine Kette, die zusammengehalten wird von dem, was Ludwig Wittgenstein »Familienähnlichkeiten« genannt hat, wobei einige Familienmitglieder in manchen Texten vorkommen, andere jedoch viel seltener und wenn, dann zusammen mit anderen Mitgliedern. Diese Kette bildet jenes komplexe System, das wir uns vorstellen müssen, wenn wir ein historisches Phänomen, wie es »The Utopian Propensity«[6] darstellt, ergründen wollen. Die Eigenschaft, *»zur utopischen Tradition zu gehören«*, besteht keineswegs in einer Art *Substanz* bzw. *Essenz*, die immer wieder in Büchern oder bei Schriftstellern zu finden ist, sondern vielmehr darin, mit dieser Kette asymmetrisch verbundener Glieder dadurch in Verbindung zu stehen, daß sie eins oder mehrere dieser Glieder gemeinsam haben. Außerdem muß die Kette als endlos begriffen werden, um der Tatsache Rechnung zu tragen, daß utopische Konzeptionen tatsächlich historischen Veränderungen unterworfen sind.

Es ist natürlich möglich, die Liste von Utopien zu dieser Kette utopischer Charakteristika (die durch »Familienähnlichkeiten« zusammengehalten wird) derart in Beziehung zu setzen, daß wir jeder Utopie für jedes bei ihr vorhandene Charakteristikum einen Pluspunkt und für jedes fehlende Charakteristikum einen Minuspunkt in Rechnung stellen. Die Eigenschaft, die in diesem Zusammenhang durch die Pluspunkte bewertet wird, könnte man als *utopische Intensität* bezeichnen. In diesem Sinne hätte Tommaso Campanella mehr *utopische Intensität* als Francis Bacon. Diese Eigenschaft sollte unterschieden werden von einer anderen Eigenschaft, die man *utopische Dichte* nennen könnte. Unter letzterer verstehe ich den Grad der Detailliertheit, mit dem ein Text eine alternative Gesellschaft beschreibt, oder anders ausgedrückt, die Anzahl der Fragen, die sich anhand des Textes beantworten lassen. Mit »Fragen« meine ich genau die Art von Fragen, die durch die »Lücke« entstehen, welche durch die ursprünglichen Negationen (welcher Art auch immer), die anscheinend einem utopischen Konstrukt zugrunde liegen müssen, geschaffen wird. Wenn uns also der Text auffordert, uns eine Gesellschaft vorzustellen, in der Jugendliche nicht in der Familie erzogen werden, können wir zu Recht fragen, wo und wie sie denn leben sollen. Oder wenn wir durch einen anderen Text angeregt werden, uns eine Gesellschaft ohne Geldwirtschaft vorzustellen, scheint es berechtigt, zu fragen »wie kann es nach Ansicht des Autors vermieden werden, daß einige wenige den Großteil der vorhandenen Güter für sich in Anspruch nehmen, bevor die Mehrheit überhaupt eine Möglichkeit hatte, selbst einen Anspruch darauf zu erheben«.

Wenn wir (wie die meisten Utopie-Historiker) Daniel Defoes *Robinson Crusoe* als utopischen Text verstehen, wären wir uns, glaube ich, darin einig, daß er eine hohe *Dichte*, aber wenig utopische *Intensität* besitzt. Das Gegenteil könnte man dagegen von zahlreichen bedeutenden Utopien der Renaissance behaupten, daher stellt sich die Frage, ob große utopische Intensität *immer* mit niedriger utopischer Dichte verbunden ist. Ein Grund für eine solche negative Beziehung besteht darin, daß, je mehr gewöhnliche Spielregeln man wegfallen läßt und je mehr normale bzw. bestehende Bedingungen verhindert oder abgeschafft werden, desto größer scheint die Informationslücke zu werden, desto mehr Fragen muß der Utopist folglich unbeantwortet lassen. Ist diese Hypothese richtig? Eine Untersuchung der formalen Charakteristika anhand einiger utopischer Texte könnte darauf eine Antwort geben. Zwei Methoden zur Schließung der Lücke, die gleichzeitig charakteristische Stilmittel einer bestimmten utopischen Textart zu sein scheinen, könnte man bezeichnen mit »Die Wende zur Generalisation« und »Die Wende zur Geometrie«.

4. Die Wende zur Generalisation: Der Traum von der Formalisierung

In Campanellas *Sonnenstaat* sind die Krieger zu einer Zeit uniformiert, als sie es im normalen Leben noch nicht waren. Die Kleidung ist nicht der einzige Bereich menschlichen Lebens, in dem Campanella *Uniformität* einführen will. Zeitmeßgeräte und Wetterfahnen spielen eine bedeutsame Rolle in seinem Staat, Dinge, die in der Renaissance den Beginn einer zunehmenden Reglementierung im Hinblick auf Zeit, Kontrolle und angepaßtes Verhalten markierten und charakteristisch für das Zeitalter der Eisenbahnen und der Fabriksirenen sind.

Welche Bedeutung hat diese *Uniformität*? Eine Gruppe von Individuen einheitlich zu kleiden, ihnen beizubringen, auf ein Kommando hin die gleichen Bewegungen zu machen und zur gleichen Zeit zu kommen bzw. zu gehen, dies sind natürlich

Methoden, die für eine Verhaltensreglementierung charakteristisch sind. Auch ist es wichtig zu erkennen, daß diese Reglementierung durch eine Änderung im Informationsgrad der Situation bewirkt wird. Aus der Sicht der allgemeinen Informationstheorie repräsentiert eine Truppe, deren Mitglieder sich auf dasselbe Wort hin identisch bewegen, bzw. eine Stadt, in der alle Einwohner in Häusern von gleicher Größe, Form und Raumaufteilung leben, einen niedrigeren Informationsgrad verglichen mit einem Zustand, wo diese Generalisation nicht stattgefunden hat. Die Faktoren, die die Kontrolle einer Gesellschaft auf der *Realitäts-* und *Aktions*ebene erleichtern, sind genau dieselben, die es uns leicht machen, *mögliche* Gesellschaften, also Utopien, zu *beschreiben*. Generalisierte Verhaltensmerkmale, Konventionen und Kodexe, also alle jene Faktoren, die Max Weber mit einer effizienten Bürokratie verbindet, dienen sowohl der *Kontrolle* als auch der *Beschreibung*. Einige Aspekte einer Situation zu generalisieren, heißt unter bestimmten Bedingungen, sie zu kontrollieren. Aber gleichzeitig kann man auf diese Weise einer utopischen Variation der Wirklichkeit einen *informativen Inhalt* geben, die sich sonst in Abstraktionen verlieren könnte, da sie so viele Eigenschaften der vielfältigen »gewöhnlichen« Existenz negiert. Die Bedeutung der Tatsache, daß Generalisation ein äußerst effizientes Mittel zur Kontrolle einer Situation ist und zugleich eine der wirksamsten Methoden, einem utopischen Konstrukt Sinn zu geben, sollte nicht unterschätzt werden.

Hängt die Möglichkeit der Kontrolle von der Konstruktion einer Gesellschaft ab, die informationsarm ist, oder hat die Notwendigkeit, die Komplexität der Welt auf leicht beschreibbare Strukturen zu reduzieren, eine politische Kontrolle als notwendige Folge? Oder ist es vielmehr so, daß eine bestimmte Form politischer Macht identisch ist mit einem Zustand, der leicht beschreibbar und durch einen niedrigen Informationsgrad gekennzeichnet ist? Handelt es sich dabei immer um eine *zentralisierte* Form der Macht? Natürlich ist die Erwähnung der Weberschen Begriffe von *Formalisierung* und *Bürokratie* in diesem Zusammenhang nicht zufällig. Im Bereich der Begriffe, der mit den drei Wörtern »Generalisation«, »utopische Abstraktion«

und »Formalisierung« umrissen werden könnte, gibt es ein erstaunlich dichtes Bündel von Wechselbeziehungen. Es scheint, daß solche Begriffe nicht nur eine Vorbedingung für zentralisierte Macht sind, sondern auch ein wesentliches Element der utopischen Tradition ausmachen.

Leibniz' Idee einer Universalsprache, wie er sie in seinem *Discours touchant La Méthode de la Certitude et l'Art d'inviter pour finir des disputes et pour faire en peu temps des grands progrès*[7] dargelegt hat, hat, so könnte man sagen, den Traum einer vollständig formalisierten Sprache zum Kern; d. h. *alle* normalen Denkoperationen können durch *Manipulation von Symbolen* ersetzt werden. Ein universaler Formalismus, der zum Hauptinstrument des pansophischen *état des savants* werden sollte, ist der wichtigste Beitrag Leibniz' zur Geschichte des utopischen Denkens. Sein Beitrag ist natürlich mehr als die utopische Idealisierung der Wissenschaft. Es ist der beliebte utopische Traum von der formalen Operation mit einem Symbol anstelle unzuverlässiger, endloser, dunkler, unergründlicher Überraschungen, die Teil des gewöhnlichen Zusammenlebens der Menschen und der Operationen des menschlichen Geistes sind. Verschiedene Formen der utopischen Tradition der Formalisierung reichen bis in unsere Tage, über Russells und Whiteheads *Principia Mathematica*, und zwar fast ungehindert, trotz der von Frege und später Gödel gemachten Einschränkungen, und leben fort in der Modallogik als der Traum von einer vollständig extensionalen Sprache. Eine umfassende Diskussion dieser These findet sich in einem anderen Essay. Lassen Sie uns an dieser Stelle über die folgende strukturelle Eigenschaft dieses Gedankens nachdenken: *ein generalisierter Denkvorgang bezweckt, die Aufgaben einer diversifizierten Vielzahl von Einzelergebnissen und Akten zu übernehmen.* Bei der Generalisation im utopischen Text werden austauschbare *Einheiten* (vergleichbar mit den Werten von Variablen in der Logik) anstelle von *nicht-substituierbaren Einzelheiten* verwendet. Es handelt sich dabei nicht nur um eine Technik der Macht bzw. Kontrollausübung. Als eine Form technischer Normen (von Rechtschreibnormen bis hin zu DIN und ähnlichen Normen) muß sie als eine der Wurzeln der industriellen Zivilisation betrachtet werden.

Die Utopie wurzelt in der Generalisation insofern, als der utopische Spiegel zunächst durch Negationen der Wirklichkeit verdunkelt wird und dann ein *Zerrbild* produziert, in dem irgendeine Eigenschaft wirklicher Menschen bzw. der realen Welt generalisiert wird, bis diese Eigenschaft die Welt scheinbar ausfüllt. So scheint es, daß die Wirklichkeit, die die Utopie durch die Pforte der *Negation* verlassen hat, diese durch die Hintertür der *Generalisation* aufs neue betritt. Es ist jedoch kein Zufall, daß diese Tür sich auch für die *Kontrolle* öffnet.

Die Manuels haben diesen Aspekt sehr schön formuliert, wenn sie von einem der utopischen Städtebauarchitekten der Renaissance, Antonio Francesco Doni, schreiben:

»Er geht davon aus (dies bezieht sich auf die Spezialisierung in Donis utopischer Stadt), daß jeder Gegenstand und jede Person eine optimale Verwendung haben und daß eine ideale Welt dadurch entsteht, daß jeder Gegenstand und jede Person in perfekter Weise genutzt werden.«[8]

Dieses Ideal, das unter anderem die Möglichkeit impliziert, die Talente und Neigungen des einzelnen eindeutig zu definieren, bildet das Gegenstück zur Universalsprache Leibniz' in der Welt menschlicher Beziehungen, indem es davon ausgeht, daß es unter allen möglichen gesellschaftlichen Zuständen einen gibt, nach dem alle Menschen streben, wenn die Unklarheiten der profanen Gesellschaft beseitigt sind.

Der utopische Spiegel gibt sich jedoch nicht damit zufrieden, nur einen Zustand zu reflektieren. Die Generalisation hat eine normative Kraft. Der Spiegel will die Welt durch eine andere Welt *verdrängen*, die ärmer an informatorischer Dichte ist. Daraus ergeben sich für uns zwei Fragen: 1. Ist die Fähigkeit des Menschen zu *überraschen* vielleicht gerade das, was eine wirkliche menschliche Gemeinschaft von einer utopischen unterscheidet? Und 2. Ist nicht der Versuch, den informatorisch armen utopischen Staat der informatorisch reichen Welt, von der er abgeleitet wurde, aufzuoktroyieren, genau das, was wir, in moderner Lesart, die »totalitären« Bestrebungen in der Politik nennen?

Der Mensch braucht den utopischen Spiegel, aber er ist gelähmt, wenn er sein Abbild darin sieht. Das Abbild verdeckt eine grundlegende Wahrheit über ihn selbst, deren er sich aber bewußt ist. Die Wahrheit kann nicht (und wird nie) in utopischer Form ausgedrückt werden, weil sie darauf hinweist, daß der Mensch *nicht* generalisierbar ist. Der Mensch ist ein Rätsel. Er kann niemals bis ins allerletzte Detail beschrieben werden. So hat der Mensch also auch keine optimale Verwendung.

5. Die Wende zur Geometrie: Die geometrische Rekonstruktion des Raumes

Die Wirklichkeit verläßt die Utopie auf dem Wege der Negation und tritt durch das Tor der Generalisation wieder in sie ein. Dies kann man natürlich als einen Prozeß der Vernichtung und Rekonstruktion, der Zerstörung des Existierenden und des Wiederaufbaus durch eine neue Architektur betrachten. Es ist bemerkenswert, bis zu welchem Grade die Rekonstruktion einen *geometrischen* Charakter annimmt. Die Anordnung der Stadtpläne, die Uhren und Astrolabien, die Wetterfahnen und astrologischen Symbole in Campanellas Werk, sie alle überlagern die gewöhnliche Erfahrung des Menschen mit einer begrifflichen und zeitlichen Struktur. Eine Utopie zu schaffen, bedeutet nicht nur, sich eine solche *vorzustellen*, sondern auch, zu *abstrahieren*.

Im klassischen chinesischen Denken erfolgt die Flucht in die Utopie häufig in Form einer topologischen Transformation, vergleichbar mit einigen modernen Science-Fiction-Romanen. Der Held gräbt einen Brunnen und stößt auf eine Landschaft unter der Erde, oder der Held (dies ist noch schöner) kann sich plötzlich ein ideales Königreich in einer Miniaturlandschaft errichten, die er in der Struktur eines Steins erblickt, welchen er gerade in der Hand hält, und in dessen Innerem er in seiner Kontemplation herumwandert[9]. Offensichtlich gibt es kaum Parallelen zu dieser Art von *Verkleinerung* in der europäischen Utopielandschaft (wenn wir Swift als Beispiel ausnehmen). Andererseits wird in Morus' *Utopia* die Nabelschnur durchtrennt, durch die andernfalls die Insel Utopia mit dem sie umgebenden Festland verbunden geblieben wäre. Hier und da ist in der europäischen Utopieliteratur von Königreichen im Inneren der Erde die Rede.

So sehen wir einerseits eine Notwendigkeit, alternative utopische Welten nach *außerhalb des gewöhnlichen Raumes* zu verlegen. Andererseits gibt es aber in einigen utopischen Texten die Tendenz, den Raum *innerhalb* der Utopie als *streng geometrische Struktur* anzuordnen. Geometrische Formen werden verwendet, um innerhalb des utopischen Raumes die verlorene Verbindung zur tatsächlichen Welt *wiederherzustellen*. Es scheint, daß es eine Ereigniskette gibt, die folgendermaßen abläuft:

1. Verneinung einer räumlichen Beziehung zur gewöhnlichen Welt; 2. Errichtung einer alternativen Welt; 3. Wiederherstellung des Raumes als Realisierung einer strengen geometrischen Struktur.

Schon Plato teilt in der *Republik* die Menschen in drei Klassen mit drei Arten von Beschäftigungen ein – ein Beispiel für das, was Panofsky und andere bis zu den Stoikern[10] zurückverfolgt haben. Aber die Tatsache der Existenz einer »geometrischen Tradition« im utopischen Denken erklärt nicht die *Verwendung* der Geometrie innerhalb der Utopie. Es ist Aufgabe des Historikers nachzuweisen, daß es Paradigmen für diese Denkweise gibt. So existieren in der Geschichte des utopischen Denkens tatsächlich eine große Zahl von Paradigmen für die *Misura*, die harmonische Maßeinheit der idealen Stadt; einige Beispiele sind der Traum Platos vom idealen Staat, der Gedanke der Stoiker von der strahlenförmigen Stadt als perfekte, funktionale Einheit, die himmlische Stadt der Juden und Christen sowie die mystische Stadt der Hermetiker.

Schöner noch als andere Autoren hat Hermann Bauer am Beispiel der Florentiner Renaissance gezeigt, daß Jerusalem als Paradigma der Idealen Stadt Augustins Eingang in das Denken utopischer Planer wie z. B. Alberti gefunden hat[11]. Es *gab* damals wirklich viele Städte, die zwölf Tore hatten, eben weil die mystische Stadt der *Apokalypse des Johannes* sie hatte. Bei den utopischen Konzeptionen von Leonardo da Vinci zeigt sich eine Verbindung zwischen dieser Art von christlichen Paradigmen und alten griechischen Idealen. Campanellas Sonnenstaat ist ein gutes Beispiel für den Einfluß der hermetischen Tradition. Bei Campanella läßt sich leicht beobachten, wie der Text zuweilen fast ganz von alchemistischer Zahlenmystik durchdrungen ist. Nachfolgend eine Textstelle zur Illustration:

»È la città distinta in sette gironi grandissimi, nominati dalli sette pianeti, e s'entra dall'altro per quattro strade e per quattro porte, alli quattro angoli del mondo spettanti; ma sta in mode che, se fosse espugnato il primo girone, bisogna più travaglio al secondo e poi più; talchè sette fiate bisogna espugnarla per vincerla.«[12]

(»Die Stadt ist in sieben große Kreise eingeteilt, die nach den sieben Planeten benannt sind, und man gelangt von einem zum anderen durch vier Straßen und vier Tore, die auf die vier Hauptrichtungen der Welt ausgerichtet sind; sie ist aber so angelegt, daß, hat man den ersten Kreis bezwungen, größere Anstrengungen nötig wären, um den zweiten zu erreichen, usw.: auf diese Weise würde es sieben Mal brauchen, um sie zu erobern.«)

Es würde sich lohnen, folgende »räumliche« Aspekte utopischer Konstruktionen näher zu untersuchen.

1. Die *historische* Bedeutung der Art und Weise, wie Utopisten sich mit dem Raum und seinen architektonischen Dispositionen auseinandersetzen; 2. die *philosophische* Bedeutung der Geometrie im utopischen Kontext.

Die Beziehung zwischen diesen beiden »räumlichen« Aspekten von Utopien sind nicht ganz leicht zu verstehen. Schließt eine Erklärung des ersten Typs eine Erklärung des zweiten Typs aus? Zur Beantwortung von Fragen hinsichtlich der *historischen* Bedeutung des Raums in Utopien müssen wir uns mit historischen Traditionen befassen, besonders mit jenen, die im Zusammenhang mit den verwendeten geometrischen Paradigmen stehen. Für eine Diskussion der *philosophischen* Bedeutung der Geometrie im utopischen Kontext stellt sich die Frage: inwieweit erfordern utopische Ideen, *sofern sie utopisch sind*, eine strenge geometrische Anordnung des Raums?

Es liegt auf der Hand, daß eine räumliche Dimension das

Begreifen eines Gedankens erleichtert. (Zahlreiche mnemonische Techniken nutzen diese Tatsache). Auch leuchtet es ein, daß eine geometrische Form (z. B. sieben kreisförmig angelegte Mauern mit vier Toren) *generischer* ist als die uns bekannte Welt. Dieselbe Notwendigkeit zur informatorischen Abstraktion, die sich in Form von Generalisierung und Formalisierung auf der räumlichen Ebene manifestiert, erscheint auch als die Wende zu strengen sozialen Strukturen. Was die Verwendung strenger geometrischer Formen mit Formalisierung gemein hat, ist eine logische Form, die dazu tendiert, den in ihr enthaltenen Stoff gegen *Überraschungen* abzusichern.

Die *normative* Funktion der Verwendung geometrischer Strukturen zwecks Annäherung des utopischen Konstrukts an ein Paradigma, etwa das Himmlische Jerusalem, fällt zusammen mit ihrer *informativen* Funktion: etwas zu schaffen, das man sich visualisieren kann. Durch beide Funktionen wird die Utopie zu einem Bild, das frei ist von Überraschungen, wie sie etwa aus der Lücke entstehen können, die durch den ursprünglichen utopischen Akt der Negation aufgetan wurde. So dient die geometrische Rekonstruktion einem doppelten Zweck, einmal indem sie eine Abstraktion ermöglicht, die einen wesentlichen Bestandteil des utopischen Konstrukts ausmacht, und zum anderen, indem sie bis zu einem gewissen Grade die Tatsache *verdeckt*, daß wir es mit einer *Abstraktion* zu tun haben. Die geometrische Konstruktion erfüllt diese beiden Notwendigkeiten gleichzeitig, da sie sowohl ein formales Mittel in sich als auch ein formales Mittel, das starke visuelle Qualitäten hat, darstellt.

6. Der Spiegel

So stellen wir fest, daß Utopien als anamorphische Spiegel betrachtet werden können, die es unter bestimmten Voraussetzungen ermöglichen, Schlußfolgerungen über die Ursache des Spiegelbildes zu ziehen. Unter anderem bemerken wir dabei, daß der Spiegel als solcher nur unter der Bedingung betrachtet werden kann, daß wir von einem kontextuellen Hintergrund ausgehen, der die Selektion des »Universums des Diskurses« bestimmt. Nur in metaphysischen Texten können wir überhaupt die Idee ernst nehmen, daß eine Negation sich auf die Welt als Ganzes bezieht. Im gewöhnlichen Diskurs ist es die Funktion der Negation, etwas Spezifisches zu negieren, das sich in einem klar definierten Universum des Diskurses ereignet bzw. einem Universum, dessen Abgrenzungen zumindest akzeptiert sind.

Wir sehen außerdem, daß der utopische Spiegel eine Generalisation erfordert, damit die Utopie einen informatorischen Inhalt erhält. Das in den Spiegel projizierte Bild ist abstrakter als die Welt, die es widerspiegelt. Dieser abstrakte Charakter hat eigentümliche normative Implikationen: der utopische Spiegel *beschreibt* nicht nur *die Welt* abstrakter, als sie ist, sondern *bezweckt* auch, daß die Welt abstrakter *wird.* Abstraktion stellt in jenem Spiegel eine *Norm* dar.

Auf der Ebene der Formalisierung kann man sich mit einer solchen Welt leichter auseinandersetzen, und sie birgt weniger Überraschungen. Obgleich der utopische Spiegel eine charakteristische Tendenz zur Formalisierung aufweist, zeigt er auch eine ausgesprochene Neigung, am Charakter der Welt als »sprechendes Bild« festzuhalten. Seine Beziehung zum Raum ist ambivalent: er will keine kontinuierlichen räumlichen Beziehungen zur gewöhnlichen Welt, aber er will anschaulich sein.

Es gibt keinen Zweifel, daß Utopien eine beträchtliche Faszination selbst auf solche Menschen ausüben, die nicht mit dem utopischen Denken als politischem Werkzeug sympathisieren. Ein wichtiger Grund hierfür besteht meiner Ansicht nach darin, daß die impliziten Widersprüche, die sich stets ergeben, wenn man etwas Unmögliches zu tun versucht, einen gewissen Reiz ausüben. Der Ehrgeiz, ein dreidimensionales Objekt auf eine zweidimensionale Oberfläche zu projizieren, und der Wunsch, sich eine Gesellschaft vorzustellen, die architektonische und räumliche Proportionen hat und doch nicht Teil unseres räumlichen Kontinuums ist, haben etwas Gemeinsames.

Mutatis mutandis könnte man das gleiche über die chronologisch verlagerte Utopie sagen.

Wenn die vorangegangenen Ausführungen nicht falsch sind, so

sind diese in sich widersprüchlichen Eigenschaften mit dem Charakter der Utopie in entscheidender Weise verbunden; es handelt sich dabei nicht nur um Eigenschaften, die viele dieser Konstrukte zufällig gemeinsam haben. Sie verkörpern genau das, was wahrscheinlich eintritt, wenn man sich, auf dem Wege über die *Negation*, von einer gewöhnlichen Beschreibung der Welt (oder einer Welt, die uns umgibt) entfernt in Richtung auf eine *normative* und *abstrakte* Variation dieser Welt.

So ist die Utopie gewissermaßen ein System, das *vorgibt*, ein anderes zu sein.

Aus dem Englischen übersetzt von Adelheid Baker,
ZiF, Universität Bielefeld.

Anmerkungen

1 *F. E. Manuel/F. P. Manuel,* Utopian Thought in the Western World, Oxford 1979, S. 36, zitiert nach *S. N. Kramer*, Sumerian Mythology, rev. Ausg. New York 1961, S. 107.

2 *A. Arnauld/P. Nicole,* La Logique ou l'Art de penser, hrsg. von *L. Marin*, Paris 1970, II: 19, S. 225.

3 *P. H. Nowell-Smith,* Ethics, London 1954, passim.

4 *Th. More,* Utopia, in: The Complete Works of St. Thomas More, ed. by *E. Surtz* and *J. H. Hexter*, vol. IV, New Haven/London 1965, S. 63.

5 Ebd., S. 67.

6 *F. E. Manuel/F. P. Manuel,* op. cit., S. 1-15.

7 *G. W. Leibniz,* Die Philosophischen Schriften, hrsg. von *G. J. Gerhardt*, Bd. III, Berlin 1890, S. 174-184.

8 *F. E. Manuel/F. P. Manuel,* op. cit., S. 176.

9 *W. Bauer,* China und die Hoffnung auf Glück, München 1971, S. 248-282.

10 Siehe *H. Bauer*, Kunst und Utopie, Berlin 1965, S. 133.

11 Ebd., S. 29-62.

12 *T. Campanella,* La Città del Sole, hrsg. u. übers. von *G. Oreglia*, Stockholm/Rom 1974, S.34.

Über die Existenz moralischer Werte

Wir wollen hier zwei Sätze betrachten:

1. *Es kann unter keinen Umständen recht sein, kleine Kinder ins Feuer zu werfen.* (Oder wenn jemand das Beispiel für zu konstruiert hält: Feuer auf kleine Kinder zu werfen, wie in Guernica, Dresden, Hiroshima.)

2. *Es gibt Umstände, unter denen es recht ist, kleine Kinder ins Feuer zu werfen.* (Etc.)

Wie alle vernünftigen Menschen unmittelbar begreifen, stehen diese beiden Sätze miteinander in solcher Weise in Verbindung, daß derjenige, der an 1. glaubt, nicht gleichzeitig an 2. glauben kann und umgekehrt. Es herrscht eine *Unvereinbarkeit* zwischen ihnen. Doch welche Art von Unvereinbarkeit ist dies?

Eine klassische Werttheorie würde sagen, die Unvereinbarkeit bestehe darin, daß 1. und 2. *einander* widersprechen. Denn für eine klassische, d. h. objektivistische Theorie existieren tatsächlich die Werte, ungefähr so wie Gegenstände Farben besitzen. Eine Handlung kann nicht gleichzeitig einen bestimmten moralischen Wert haben und nicht haben. Für eine solche Theorie (ein gutes Beispiel ist die Werttheorie, die G. E. Moore zu Anfang des Jahrhunderts in seinen *Principia Ethica* entwickelte) verhält sich eine *Wertung* zu einem *Wert* ungefähr so, wie eine *Vermutung* sich zu einem *Faktum* verhält. Man kann sich in seinen Wertungen irren (alle Menschen irren sich leicht in einer schweren, labyrinthischen Welt), der Wert ist aber, was er ist, unabhängig davon, wofür wir ihn halten.

Die Werttheorie, die die schwedische Philosophie und damit auch die schwedische Rechtsphilosophie in meiner Generation bestimmt hat, die sogenannte emotive Werttheorie*, behandelt die Unvereinbarkeit zwischen 1. und 2. auf eine andere Weise. Diese Theorie, die für eine bestimmte Entwicklungsphase einer Richtung, die man logischen Neupositivismus zu nennen pflegt, charakteristisch ist, wird in Schweden von Philosophen wie Axel

* emotiv: von subjektiven Interessen bestimmt (D.Ü.)

Hägerström und Vilhelm Lundstedt und in der angelsächsischen Tradition in verschiedenen Variationen von A. J. Ayer und Rudolf Carnap, R. M. Hare und C. L. Stevenson vertreten. Auf ihre Entwicklung von gröberen zu immer verfeinerteren Varianten werde ich hier nicht eingehen. Das Wesentliche und Gemeinsame in den verschiedenen Formen der emotiven Werttheorie ist der Wunsch, daß die Unvereinbarkeit zwischen solchen Sätzen wie 1. und 2. als eine Unvereinbarkeit von *Haltungen* erklärt wird.

Sie geht mit anderen Worten darauf aus, den Unterschied zwischen 1. und 2. zu etwas *Psychologischem* zu machen. Anstelle von *Werten* denken wir über *Wertungen* nach. Und es gibt sozusagen nichts jenseits jener Wertungen, wobei die Wertungen richtige oder falsche Wertungen sein können.

Vor einiger Zeit sah ich zum Beispiel eine Anzeige, in der die Zeitschrift einer Partei einen neuen Redakteur suchte. In der Anzeige hieß es, man setze es als selbstverständlich voraus, daß Bewerber die *Wertvorstellungen* der Partei teilten. Daran ist nichts sonderbar, außer natürlich, daß heutzutage niemand auf die Idee kommen würde, von einem Bewerber zu sprechen, der die *Werte* der Partei teilt.

Ein Einwand gegen diese Psychologisierung der Moral (denn es handelt sich hier in weit höherem Maße um eine Psychologisierung als um eine Relativierung) ist, daß sie unwiderruflich eine totalitäre Entwicklung fördern muß, nachdem sie die Tür dem Standpunkt weit geöffnet hat, daß Macht Recht ist. Bestimmte Erscheinungen in der späteren schwedischen Rechtsentwicklung (die Notstandsverordnung, die zunehmende Verachtung der elementaren Bürgerrechte) unterstützen zweifellos einen solchen Gedanken. Daß aber eine Theorie zu unliebsamen Neigungen ihrer Anhänger führt, ist streng genommen kein Argument gegen die Theorie. Der islamische Fundamentalismus führt zu noch unangenehmeren Tendenzen bei seinen Anhängern, als dies die emotive Werttheorie bei schwedischen Gesetzesgebern tut, aber nicht einmal sie bilden ein zwingendes Argument gegen die Existenz Allahs.

Eine meiner tiefsten philosophischen Überzeugungen ist, daß

die emotive Werttheorie völlig unhaltbar ist. Ich werde zwei meiner Argumente andeuten.

Das erste: wenn Wertsätze nichts anderes leisten, als Haltungen zu vermitteln, wird die moralische Argumentation, die *die ganze Zeit* zwischen Menschen *abläuft*, völlig unbegreiflich. Sie muß in einem solchen Fall als ein dauernd wirkender Anreiz durch die Haltungen anderer Menschen gedeutet werden. Aber das geht ja nicht. Moralische Argumentation ist etwas, womit wir die ganze Zeit Erfahrung haben. Sie besteht zum Teil aus Argumenten, die folgendermaßen aussehen:

3. *Wenn die Steuer gesenkt wird, werden die Krankenhäuser noch schlechter.*

Ein derartiges Argument kann man im System einer emotiven Theorie verwenden, denn es hat – wie es einige Philosophen gewöhnlich nennen – einen *naturalistischen* Charakter. Es handelt sich nicht um Werte, sondern um die Konsequenzen verschiedener Handlungsalternativen, und überläßt es sozusagen dem Zuhörer, Wertungen auf ihrem Platz im Kontext einzufügen. Ein Verrückter *kann* immer ohne Widerspruch behaupten, es liege etwas Wertvolles darin, daß Krankenhäuser schlechter werden. Es gibt aber auch Argumente eines ganz anderen Typs:

4. *Wenn es zulässig ist, Füße von Gefangenen zu kochen, um das Leben eigener Soldaten zu retten, dann ist es auch zulässig, seine Frau zu schlagen, um die Haushaltsausgaben besser kontrollieren zu können.*

Dies ist ein Beispiel (ob es gut oder schlecht ist, weiß ich nicht) eines moralischen Arguments, das nicht-naturalistisch ist. Es handelt nicht von der Natur, auch nicht vom Seelenleben. Es handelt von Verhältnissen zwischen Werten.

Ein anderes Argument gegen die emotive Theorie ist meiner Meinung nach folgendes: Angenommen jemand entschließt sich, etwas zu tun, das er zutiefst für unrecht hält. Sagen wir, ein Offizier entschließt sich, die Füße eines Gefangenen zu kochen, um Informationen zu erhalten, die seinen Kameraden und ihm selbst das Leben retten. Er weiß, daß er mit diesem Vorgehen sozusagen eine unsichtbare Grenze überschreitet, und er entschließt sich, dies zu tun. Dies ist in der emotiven Theorie etwas

Analoges dazu, seine eigene Haltung zu überwinden, eine Hemmung zu überwinden usw.

Aber es ist natürlich möglich, voller Abscheu gegenüber seinem eigenen Handeln zu sein und es trotzdem als richtig anzusehen. Wer sagt denn, daß die moralisch richtigen Beschlüsse angenehm sein müssen?

Diese Unterscheidung zwischen Billigung und moralischer Wertung kann unmöglich innerhalb einer emotiven Theorie formuliert werden.

Ich verlasse an diesem Punkt die allzu flache Landschaft der emotiven Werttheorie, um etwas zu diskutieren, das mir wichtiger ist, nämlich ob eine liberale Gesellschaftstheorie uns auf Dauer befriedigen kann. Oder vielleicht ist es so, daß wir, um ein Menschen- und Gesellschaftsbild formulieren zu können, das zumindest prinzipiell Zuversichtlichkeit besitzt, auch noch etwas anderes benötigen? Sagen wir, ein »Gesetz« im Sinne des Alten Testaments, eine Festsetzung objektiver, nicht naturalistischer Werte, die infolgedessen eine axiomatische Rolle für unser Handeln spielen.

Ein solcher Standpunkt muß natürlich auf mehrfache, verschiedenartige Weise präzisiert werden. Gewichtige Gründe sprechen in unserer Zeit für einen Wertpessimismus, d. h. für einen Standpunkt, der sich an möglichst *wenige* Werte hält und statt dessen diese um so nachdrücklicher verteidigt. Der Grund dafür ist in Wirklichkeit identisch mit dem Grund, der gegen Utopien spricht: Die Werte sind sozusagen *kontrafaktisch* zu ihrer Natur, sie handeln nicht davon, was verwirklicht wird, sondern davon, was zu einem gegebenen Zeitpunkt verwirklicht werden *könnte*. Eine Lehre von der äußerst geringen Anzahl wirklicher Werte hat nun den Vorteil, nicht zu abstrakten Versuchen einzuladen, die Wirklichkeit in ihrer Ganzheit umzugestalten (wie in Thomas Müntzers oder Pol Pots in blutige Wirklichkeit verwandelten Fieberträumen), sondern statt dessen zu minimalistischen Haltungen. Das Gute ist, ein Minimum zu verteidigen, nicht ein Maximum zu verwirklichen, denn die Welt wird immer umfassend genug sein, um mehr als das Gute zu enthalten.

Über die kontrafaktische Natur des Wertes hat der Philosoph

Robert Nozick etwas außerordentlich Interessantes in seinem Buch *Philosophical Explanations* (1981) geäußert. Wir wollen einmal annehmen, daß es keine objektiven Werte in dem Universum, in dem wir leben, gibt. Und wir wollen annehmen, daß sich Werte in *irgendeiner* anderen, möglichen Welt ohne Widersprüche denken lassen.

Es ist möglich, auf solche nur denkbaren Werte unser Leben auszurichten. Im Unterschied zur Existenz von Kentauren und Dryaden existiert der Wert in dem Augenblick, in dem er denkbar ist. Der Gedanke erinnert, kann man sagen, an die Auffassung der sogenannten intuitionistischen Schule von der Existenz mathematischer Objekte: was konstruierbar ist, existiert. »Gottes Reich ist nicht von dieser Welt« ist ein Wort, das in Nozicks Sinn ausgelegt werden könnte.

Ein anderer Aspekt ist, daß ein moderner Wertobjektivismus vermutlich eher als eine Lehre von Handlungslinien oder »policies« denn als eine Lehre von einzelnen Handlungen formuliert werden muß. Gegen mein ganzes viertes Beispiel kann man natürlich einwenden, daß weder einzelne Menschen noch einzelne Handlungen die Fülle wirklicher moralischer Werte in einer Situation tragen, wie sie in 4. beschrieben wird.

Das Problem betrifft Organisationen und Ausführungsprogramme von Organisationen, dem einzelnen kann keine volle moralische Verantwortung für die Notwendigkeiten in einem solchen System auferlegt werden. Ist das wahr? Hier bleibt alles zu diskutieren.

Ein wichtiger Grund für die Popularität der emotiven Werttheorie ist natürlich die völlig legitime Tatsache, daß sie trotz allem eine viel bessere Theorie als z. B. Benthams oder Mills Utilitarismus ist. Wenn wir uns einreden können, daß »größtmögliches Glück für möglichst viele Menschen« oder dergleichen eine befriedigende Definition von »gut« ist, erscheint das Kochen von Gefangenenfüßen als eines der Dinge, denen wir uns in Gedanken nähern können. Um wieviel vernünftiger scheint da nicht der Standpunkt der emotiven Werttheorie, daß Werte nicht beweisbar sind, ganz einfach weil sie nicht existieren! Daß es nichts hinter unseren Wertungen gibt, ist eine vernünftigere Idee, als daß es dort das Glück oder den Nutzen geben solle.

Dagegen kann man natürlich etwas Drittes einwenden:

Ein tatsächlicher Wert ist nie beweisbar, aber nicht aus Mangel an Wirklichkeit. Vielmehr beweist er sich gerade dadurch, daß er nicht beweisbar ist. Die wenigen objektiven Werte sind vielleicht alle *Restriktionen*, d. h. sie können vielleicht nur in negativen Sätzen ausgedrückt werden. Wer die Füße seiner Gefangenen kocht, hat eine unsichtbare Grenze überschritten, ganz gleich wie er sein Handeln verteidigt. Genau wie reine Existenz bei einem Gegenstand nicht wahrscheinlicher gemacht werden kann, indem man mehr und mehr Eigenschaften zur Beschreibung des Gegenstandes aufhäuft, so kann man auch nicht einen reinen Wert wahrscheinlicher machen, indem man Argumente zu seinen Gunsten aufhäuft.

Der Wert ist eine einfache Eigenschaft, sagt Moore, einfach wie eine Farbe. Man könnte hinzufügen: der Wert einer Handlung ist ihre Rätselhaftigkeit. Er ist das unbekannte positive Gegenstück eines negativen Satzes.

Israel – der Gottesstaat und das Weltgewissen

Es steht geschrieben: »Du sollst nicht töten.« Und trotzdem tötet man.

Ohne einen Augenblick die geschmacklosen und ganz unangemessenen Vergleiche zwischen der Vernichtung eines Volkes durch den deutschen Nazismus und dem israelischen Krieg im Libanon, der die schwedische Presse spaltet und an dem besonders Olof Palme beteiligt ist, zu akzeptieren, müssen wir feststellen, daß Israels Verantwortung für die Massaker in den Flüchtlingslagern Sabra und Shatila unbestreitbar sind.

Denn derjenige, der die tatsächliche Oberhoheit über ein Gebiet hat, ist auch völkerrechtlich für Gesetz und Ordnung in dem Gebiet verantwortlich.

Es liegt ein Unterton düsteren Jubels in den Reaktionen, die das sonst weite Weltgewissen bei diesem Geschehen äußert.

Die PLO spekulierte immer auf die Humanität der Gegenseite, auf die Selbstbeschränkungen, die jene sich erwartungsgemäß auferlegte. Man konnte olympische Sportler in München entführen und töten, ohne befürchten zu müssen, daß palästinensische Olivenbauern in Galiläa auf dieselbe schändliche Weise entführt und getötet würden. Man konnte israelische Flugzeuge entführen und achtzigjährige jüdisch-amerikanische Damen in Uganda töten, ohne daß Saudi-Arabien ähnliche israelische Anschläge auf saudische Damen zu befürchten hatte.

Man konnte gefangene israelische Soldaten foltern und töten, ohne zu fürchten, daß die eigenen entwaffneten Soldaten in gleicher Weise getötet würden. Es gab bei den Parteien einen Unterschied in der Kriegsführung, der natürlich auch ein strategischer Unterschied war. (Diese Beobachtung darf selbstverständlich nicht mit der zynischen und moralphilosophisch unhaltbaren Ansicht verwechselt werden, daß man das Recht hat, dem die Füße zu kochen, der einem die Füße kocht.)

Eines Tages war dann die Humanität plötzlich weg. Das Weltgewissen, das ein Jahrzehnt lang mit bemerkenswerter Toleranz solche Handlungen, wenn sie von Palästinensern begangen wurden, als ganz natürlich akzeptierte, die dasselbe Weltgewissen verabscheuenswürdig gefunden hätte, wenn sie von westdeutschen Terroristen oder – noch schlimmer – von sudetendeutschen Revanchisten verübt worden wären, dieses Weltgewissen zuckt jetzt zusammen. Dieselben schwedischen Abendzeitungen, die in aller Deutlichkeit zeigen, daß sie das russische Spionage-U-Boot in Metallsplitter verwandelt und die Mannschaft als Dorschfutter sehen möchten, fanden es abscheulich, als das israelische Kampfflugzeug die palästinensischen Munitionsvorräte in den Stadtvierteln zu zerbomben suchte, wo sie versteckt waren.

In die Empörung über die Ereignisse des Libanonkriegs mischte sich auch Erleichterung: Israel hatte angefangen, sich genau so zu verhalten, wie wir es aus der Geschichte gelernt haben, daß sich *Staaten* erwartungsgemäß verhalten werden. Der alte widerliche europäische Bottich des abgestandenen Antisemitismus kam etwas in Wallung. Es ist wieder fortschrittlich, die Juden nicht zu mögen, so daß man darauf anspielen kann, wenngleich mit einer gewissen Vorsicht.

Die Geschehnisse aktualisieren das größere ethische Problem der Rolle der Gewalt als Problemlösung. (Und damit wird alles so fürchterlich kompliziert, weil wir natürlich wissen, daß Gewalt *leider* manchmal tatsächlich Probleme *lösen* kann; im Gegensatz zu dem, was Pazifisten zu behaupten pflegen.) Auf diese Frage werde ich hier nicht eingehen. Was mich statt dessen interessiert, ist die speziellere Frage, warum die Reaktionen auf Israels Gewalt so speziell und spezifisch waren.

In Oscar Wildes geistreichem Roman *Das Bildnis des Dorian Gray* wird der junge, sehr schöne Lord Gray von einem seltsamen Künstler porträtiert, der die ganze unschuldsvolle Schönheit und Anmut des jungen Mannes wiedergibt. Jahre vergehen, und Dorian Gray verfällt Ausschweifungen und Lastern aller Art. Merkwürdigerweise zeigt sein Gesicht keine Spur von den Lastern, keine Falte um den Mund verrät seine Härte.

Nun geschieht es, daß der Lord derselbe bleibt, während das *Porträt* all die Spuren annehmen muß, die Laster und Verbrechen sonst seinem Gesicht eingeprägt hätten. Widerwärtig anzuschauen, wird es in einem verschlossenen Raum versteckt, und nur Dorian Gray geht ganz selten hinein, um über seine immer grauenhafteren Gesichtszüge nachzugrübeln.

Mit Ausnahme eines Details könnte dieses Gleichnis vom Staat Israel in seinem geschichtlichen Dasein handeln. Die Ausnahme ist, daß im Fall Israels das Bildnis nicht verborgen ist, sondern im Gegenteil ständig von der Weltöffentlichkeit überprüft wird.

Es mag interessant sein zu beobachten, wie eine wohlwollende Zeitung wie *Expressen* (*Dagens Nyheter* äußerte einige Wochen zuvor denselben Gedanken, und die *Frankfurter Allgemeine* argumentierte ungefähr zur selben Zeit in einem Leitartikel ähnlich) Bildnis und Gesicht als *zwei* verschiedene Israels erlebt:

»In Menachem Begins Israel ist alles anders. Die Einwanderungswelle aus dem Westen ist verebbt. Tatsächlich gibt es in gewissem Umfang eine Rückkehr in die Ursprungsländer. Dafür hat die Zuwanderung orientalischer Juden zugenommen. Die neuen Israelis kommen seit langem aus Ländern wie Jemen, Irak, Algerien und Tunesien. Sie kommen aus Ländern mit einer anderen Kultur und anderen Traditionen, und sie haben außer den religiösen Riten nichts Nennenswertes mehr mit den früher bestimmenden Volksgruppen in Israel gemein. Heute bilden die orientalischen Juden eine Majorität in der Bevölkerung des Landes.

Für diese Gruppen wurde der extreme Begin der natürliche Führer. Sie schätzen seinen militanten Nationalismus und seine Träume von Groß-Israel, seine Härte gegenüber den Arabern und seine Frechheit gegenüber dem Westen und vor allem den USA. Für den maßvollen Pragmatismus der Sozialdemokratie und die geistesgeschichtlichen Traditionen des Abendlandes haben sie wenig Verständnis.«

Dieses Zitat mit seinem tiefen Bedauern, daß Israel plötzlich so *orientalisch* geworden ist, seiner wohlwollenden Sorge um abendländische (sozialdemokratische) Traditionen und nicht zuletzt seiner stark positivistischen Einstellung gegenüber der jüdischen Religion, die hier auf etwas Sozialanthropologisches in der Art von Maibäumen, »den religiösen Riten«, reduziert wird, bietet bei allem Wohlwollen ein fast verheerend deutliches Bild des ganzen Systems von Mißverstehen und falschen Hoffnungen gegenüber dem jüdischen Staat.

Es gibt jedoch einen anderen Standpunkt, der vielleicht in

seiner edelsten und sympathischsten Form in Schweden von Herbert Tingsten und Per Ahlmark vertreten wurde. Sie wollten im Staat Israel die Verwirklichung von Europas letzter Utopie, vielleicht Europas verlorene Seele sehen. Wenn diese Seele verloren geht, dachte man, dann gibt es überhaupt keinen Grund, an eine bessere Welt zu glauben, die mit politischen Mitteln erreicht werden kann.

Mit unzähligen feinen Fäden ist dieser Traum über die christliche Idee vom Gottesstaat und das Ideal der europäischen Aufklärung mit dem europäischen Traum von einer besseren Welt, gebaut auf politische Mittel, verknüpft. Wenn Moskau und seine Handlanger haßerfüllt gegen den Zionismus brüllen, kann man manchmal den Eindruck haben, daß mehr der Haß auf einen *Nebenbuhler* als auf das Judentum die Parolen steuert.

Wenn man zu diesem Thema Herbert Tingstens Schriften aus den fünfziger und sechziger Jahren liest, kann man bei ihrer Mischung aus liberalem Enthusiasmus und ebenso liberalem Atheismus glauben, den Traum von Israel als einer Art Dänemark Westasiens vor sich zu haben. Und das Ziel der – wie Thomas Mann sagt – bodenlosen, tiefen Geschichte des *Judentums* wirkt dann bei diesen netten und guten Liberalen manchmal plötzlich naiv: war es das Ziel dieser bodenlosen Geschichte, ein neues Dänemark zu schaffen?

Ich glaube, daß die Enttäuschung bei solchen Menschen ebenso groß, ebenso aggressiv sein kann wie der leninistische Haß auf den utopischen Konkurrenten Israel. Es gibt keine moralischen Turing-Maschinen*, und die Menschen hören niemals auf zu hassen, was diese Tatsache beweist.

Der Grund, daß es immer noch Juden in der Welt gibt, aber keines der ursprünglichen Nachbarvölker, wie z. B. die Babylonier, ist nicht das jüdische Volk, sondern das Judentum, und dies können Israels Freunde wie Feinde schwer begreifen. Die Vorstellung von einem göttlichen Gesetz, das stärker ist als die Macht,

* Turing-Maschine: mathematisches Modell einer Rechenmaschine zur Definition des Begriffs »Berechenbarkeit«, benannt nach dem englischen Mathematiker A. M. Turing (1912-1954).

die Vorstellung von einem Volk, das der auserwählte Diener dieses objektiven Gesetzes ist, also in bestimmtem Sinn das Licht der Welt, ihr moralisches Auge, kurz gesagt, was Antisemiten *Impertinenz* der Juden zu nennen pflegen, ist natürlich der die ganze Zeit verschwiegene Angelpunkt in diesem komplizierten System utopischer und antiutopischer Argumente.

Wenn die Vorstellung von einem Gesetz, das nicht von der Macht abhängt, das Licht der Welt ist, was ist dann Israel? Wenn Israel stirbt, was stirbt dann? Eine verblichene europäische Utopie, ebenso dünn wie das letzte Parteiprogramm der Sozialdemokratie oder Sir Baden Powells Pfadfinderbewegung?

Oder ist es der große jüdische Gedanke, der Gedanke der Gerechtigkeit, der stirbt? Oder ist es vielleicht so, daß der Gedanke niemals mit politischen Mitteln verwirklicht werden kann, daß die wachsende Notwendigkeit der Gewaltanwendung in der Geschichte des israelischen Staates nur eine der uralten Lehren der Geschichte wiederholt: man kann die Moral nie mit utopischen, d. h. politischen Mitteln verwirklichen? Sie kann nur tief in dem bedrohten Augenblick verwirklicht werden. Vielleicht sollte dies sozusagen demonstriert werden: die Gerechtigkeit ist immer in der Fremde.

Die gegenwärtigen Probleme des Judentums, nicht zuletzt wenn sie als Probleme Israels neu formuliert sind, scheinen mir nicht sonderlich verschieden von denen der Menschheit zu sein. Inwieweit kann man an die Gerechtigkeit in der Welt glauben und gleichzeitig die Utopien zusammenbrechen sehen, eine nach der anderen?

Immer wieder in der Geschichte des Judentums konnte es so aussehen, als wollte die Geschichte ihm seine Seele entreißen. Auch jetzt mag es so scheinen. Diese Seele, die in dem Glauben an ein Gesetz jenseits der Macht besteht. Ich glaube nicht, daß dies gelingen wird.

Das Weltgewissen, das jetzt verletzt ist, wäre interessanter, wenn es mehr von Gewissen in des Wortes metaphysischer Bedeutung an sich hätte und weniger von Welt.

Man kann also mit Recht behaupten, daß in der unklaren Mischung des sogenannten Weltgewissens aus Trauer und Jubel über die Gewalt im Libanon – ganz anders ist sein verlegenes Schweigen vor den großen Verbrechen in Kambodscha und Vietnam – ein Element finsterer Befriedigung liegt, denn es hat sich gezeigt, daß die Geschichte hier genauso über die Seele herrscht wie auch sonst. Aber das Problem des Judentums ist das der Menschheit, und man kann nicht von der metaphysischen Dimension des Problems absehen, ohne in den plattesten Zynismus zu verfallen.

Mensch und Tier

1.

Es gibt einige grundlegende philosophische Unterscheidungen, die wir bereits in der Grundschule lernen und die ebensosehr *Verbote* wie Unterscheidungen sind. Es liegt ein schwacher Geruch von *Polizeirevier* um sie herum. »Körper-und-Seele« ist eine. »Mensch-und-Tier« ist eine andere.

Menschlich zu sein ist schön. Tierisch zu sein, dazu sind nur Säufer und Sexualmörder imstande. Es ist für Menschen verboten, Tier zu sein.

Die strenge Unterscheidung zwischen Tier und Mensch schreibt man gewöhnlich Aristoteles zu, der in seinem Werk *Über die Seele* behauptete, daß es drei Arten von Seelen mit steigender Komplexität gebe, die Pflanzenseele, die Tierseele und die Seele des Menschen, die über die beiden anderen hinausgehe, sie aber gleichzeitig umfasse.

Die Frage ist, ob Aristoteles so bedeutend ist, wie man ihn hinzustellen pflegt. Die frühchristliche und die gnostische Tierfeindlichkeit muß viel dazu beigetragen haben, den Gegensatz zu verstärken. Das Verbot, menschliche Leichen zu sezieren – man beachte, daß dieses Verbot nicht nur mittelalterliche christliche, sondern auch große arabische Ärzte betraf – hatte zur Folge, daß es praktisch erst im siebzehnten Jahrhundert möglich war, die fundamentale Ähnlichkeit etwa zwischen der Lunge und der Bauchhöhle eines Schimpansen und denen eines Menschen zu erkennen.

In seinem urwüchsigen Buch über die Evolution, *Über den Ursprung der Arten* (1859), vermeidet Darwin überhaupt, den Menschen als eine biologische Art zu *nennen*, höchstens mit den vorsichtigsten Umschreibungen. Seine Wirkungen sind auf eine Weise paradox:

Einerseits reißt der Darwinismus in fundamentaler Weise die Trennmauer zwischen Tier und Mensch nieder und weist auf eine grundlegende Ähnlichkeit und Kontinuität hin, wo die

Theologie einen fundamentalen Unterschied sehen wollte. Diese tiefe Kontinuität wurde dann von der späteren Forschung nur stärker betont, z. B. durch den biochemischen Evolutionismus, einem Darwinismus auf Molekularebene, wenn man so will, der sich in unserer Generation noch weiter ausbreitet.

Andererseits gibt der Darwinismus Anstoß zu einer Reihe extremer Übertreibungen in Form von Sozialdarwinismus. Es wird zu Ende des neunzehnten Jahrhunderts eine intellektuelle Mode, das Leben der Gesellschaft unter einem evolutionistischen Blickwinkel zu betrachten: das Ergebnis in Form von Rassismus und primitivem Biologismus ist so grotesk, daß es für sehr lange Zeit jeden Versuch diskreditiert, in vernünftiger Art über den Menschen als Tier zu sprechen.

Man kann vielleicht sagen, daß noch sehr lange nach dem Ende des Zweiten Weltkrieges das Bild der Biologie und des Menschen von zwei sehr tiefen Tabus oder Diskussionsverboten geprägt ist, die beide in ihrer Strenge viel darüber aussagen, welch bedeutungsvollen Verdrängungen sie dienen.

Das eine ist das Verbot, unsere Behandlung von Tieren als ein ethisches Problem zu erörtern. Die Moralphilosophie darf für alles in Anspruch genommen werden, nur nicht für Tiere.

Das andere ist das Verbot der Diskussion darüber, ob es einen biologischen Rahmen, eine genetische Abgrenzung der Tätigkeit des Menschen als Gemeinschaftswesen geben kann.

Beiden Verboten ist gemeinsam, daß sie ein Verbot darstellen, den Menschen unter dem Tier-Aspekt zu betrachten.

Wer sich ein Bild davon machen will, wie tief diese Verbote wirklich sitzen, oder wer zweifelt, daß Aristoteles noch immer eine viel größere Rolle in unserem Begriffshorizont spielt als Darwin, soll den Versuch machen, Tierexperimente zur Sprache zu bringen.

Es ist eine unbestreitbare Tatsache, daß die Zivilisation, in der wir leben, Hunderttausende von hochstehenden Säugetieren verstümmelt, verbrennt, verätzt und tödlich infiziert, einige von ihnen, um Gifte zu testen oder wichtige Erkenntnisse für die Bekämpfung von Krankheiten zu gewinnen, beinahe ebenso viele, um Material für ziemlich nebensächliche Doktorarbeiten zu liefern, die einen Teil von ebenso nebensächlichen Karrieren bilden, und recht viele, um die Ungefährlichkeit neuer Schönheitsmittel für die menschliche Haut zu überprüfen.

Auf diese Tatsache hinzuweisen war bis vor ungefähr zehn Jahren die wohl wirkungsvollste Art, ein für allemal aus dem Kreis derer ausgeschlossen zu werden, die in der intellektuellen Diskussion »zählen«. Sich für Tierexperimente zu interessieren war »nuts« und damit basta.

Anfang der siebziger Jahre dürfte der Wendepunkt dadurch erreicht worden sein, daß Philosophen wie Arne Naess in Norwegen und Roger Fjellström in Schweden eine strengere moralphilosophische Diskussion des Problems einleiteten. Sie hätten natürlich zehn Jahre zuvor keine Chance gehabt, nicht als Exzentriker abgestempelt zu werden; etwas war zwischen 1965 und 1970 geschehen, was die Situation änderte.

Über Tierversuche kam ein aufgrund des großen Eifers des Verfassers etwas wirres und schwer lesbares, aber außerordentlich interessantes Buch heraus, nämlich Ulf Löfgrens *Djurförsök. En bok om vetenskapligt djurplågeri och mänsklig förnedring* (*Tierversuche. Ein Buch über wissenschaftliche Tierquälerei und menschliche Erniedrigung;* 1979).

Ulf Löfgren, geboren 1946, Biochemiker und Mikrobiologe, ist jetzt in der psychiatrischen Fürsorge tätig, wo er mit psychisch schwer Entwicklungsgestörten arbeitet. Er hat auf seine Art die *Tiefe* des Problems erkannt, über das er schreibt. Sein Buch ist besonders deshalb wichtig, weil es den Zusammenhang zwischen Tierversuchen und manchen Standpunkten anderer Art, z. B. der sogenannten »Sterbehilfe«, diskutiert.

Bei den Tierversuchen geht es letztendlich nicht um die Frage, ob die Experimente »schmerzlich«, »wohlbegründet« oder »unverzichtbar« sind.

Das Recht der biologischen Manipulation von Tieren ist ein Recht, das sich der Mensch anmaßt. Niemand kann ihn daran hindern, da kein Herrentier über dem Menschen existiert. Wenn wir aber diese Versuche für ethisch unproblematisch halten, dann gibt es auch keine Argumente gegen die Vivisektion von Menschen, denn auch der Mensch ist ein Säugetier.

Experimente mit Menschen müssen nicht unbedingt dieselben Formen wie die in den nazistischen Vernichtungslagern annehmen.

Wir wissen nicht, in welchem Umfang in unseren Krankenhäusern mit Patienten insgeheim experimentiert wird. Es gehört aber zu den großen, unvergänglichen Verdiensten nicht nur von Ulf Löfgren, sondern auch von Intellektuellen wie Lars Gyllensten, darauf hingewiesen zu haben, daß dies tatsächlich geschieht.

Löfgren will z. B. zeigen, daß eine Reihe Untersuchungen, die jetzt mit Hilfe von qualvollen Tierversuchen durchgeführt werden, durch Experimente in Gewebekulturen ersetzt werden können.

Aber der moralphilosophisch interessante Aspekt, der dem ganzen Problem Tiefe verleiht, ist folgender: wenn, sagen wir, Experimente mit Einpflanzung von Krebsgewebe oder Elektroden ins Gehirn außerhalb dessen liegen, was wir an anderen Lebewesen (Tier oder Mensch) tun dürfen – ja dann haben wir kein Recht, diese auszuführen, ob es nun einen physiologischen Ersatz für diese Experimente gibt oder nicht.

Es scheint also aus seinen Überlegungen zu folgen, daß bestimmte Unternehmungen der medizinischen Wissenschaft ganz einfach tief unmoralisch sind.

So stark und so sakrosankt ist – bis jetzt – die Autorität der wissenschaftlichen Institutionen, daß nicht einmal Löfgren diese Schlußfolgerung deutlich auszusprechen wagt, denn dann könnte man ihn für zu exzentrisch halten, um ihm zuzuhören.

Als vor einigen Jahren P. C. Jersild in seinem Roman *Djurdoktorn* (*Die Tierärztin*) ungefähr dasselbe sagt, sind bezeichnenderweise alle Kritiker geneigt, seine Schilderung von der Lage der Versuchstiere als eine Metapher für Menschen, für die Opfer des totalitären Staates usw. aufzufassen.

Aber kein Mensch scheint zu begreifen, daß er tatsächlich auch von mißhandelten und erniedrigten Tieren spricht.

Dies ist ein schönes Beispiel dafür, was Michel Foucault ein *Diskursverbot* nennt, eine kollektive soziale Hemmung, ein Problem zur Diskussion zu bringen.

2.

Die größte intellektuelle Debatte in den USA während der Nachkriegszeit, an Intensität und Umfang nur mit den Diskussionen vergleichbar, die Jean-Paul Sartres Existenzialismus seinerzeit in Frankreich auslöste, ist zweifellos die, die in den Jahren 1977-78 um Professor Edward O. Wilson und seine sogenannte »sociobiology« tobte.

Hier treffen wir die andere Seite des Diskursverbots, von dem ich oben sprach.

Dasselbe Verbot, das Menschliche bei den Tieren zu sehen, gilt auch für den Standpunkt, den Menschen als ein Tier zu sehen.

Die meisten haben wohl irgendwann einmal über das merkwürdige Paradoxon nachgedacht, das darin besteht, daß die Wissenschaften, die von sich behaupten, den Menschen zu studieren, die Sprachwissenschaften, die Psychologie, die Soziologie, die Pädagogik, die Politologie, nicht den allerkleinsten Ansatz für die Beantwortung der Frage: was ist der Mensch? bieten, während dagegen einige moderne Wissenschaften, die zu den Naturwissenschaften zählen, Physiologie, Zoologie und Medizin, faktisch den Anspruch erheben, über eine Antwort zu verfügen.

Wie eine Schar aufgescheuchter Vögel haben die Hypothesen über das Wesen des Menschen die Humanwissenschaften verlassen und brüten jetzt statt dessen in den Naturwissenschaften.

Die Gründe dafür sind kompliziert und historisch. Sie können vielleicht etwas vage und verallgemeinert zusammengefaßt werden, wenn man sagt, daß man unmöglich eine Hypothese darüber, was der Mensch ist, aufstellen kann, ohne in ethische, politische und philosophische Konflikte zu geraten.

Es entstand deshalb die Neigung, solche Hypothesen so tief in naturwissenschaftliche Begriffskomplexe zu verankern, daß niemand ohne Übung sie als Theorien darüber, was der Mensch ist, erkennen kann.

Dieses Doppelspiel führt zu einem nicht beabsichtigten, aber nichtsdestoweniger sehr tiefen Zynismus: unsere Krankenhausfabriken mit ihrem Durchlaufdenken, unsere Kliniken, die aus dem Geist einer amerikanischen Experimentalpsychologie der fünfziger Jahre erwachsen sind, unsere pädagogischen Einrichtungen mit einer Anthropologie, die auf Versuchsratten in Labyrinthen basiert, enthalten und verbreiten alle eine ganz bestimmte Auffassung darüber, was der Mensch ist. Der Grund, daß *sie* keine Diskussionen verursacht, liegt darin, daß sie klug genug ist, sich nie als Philosophie zu formulieren.

(Es gibt Philosophien, kraftvolle, schlechte, *tief destruktive* Philosophien, die Jahrzehnte oder länger am Leben bleiben, weil sie *keinen Namen haben.*)

Es ist sinnvoll, dies im Gedächtnis zu behalten, wenn man die Soziobiologiedebatte durchgeht, wie sie z. B. in *The Sociobiology Debate. Readings on Ethical and Scientific Issues*, edited by Arthur L. Caplan (1978) gesammelt vorliegt. Die Soziobiologie ist eine produktive Herausforderung nicht nur für das Christentum, den Marxismus und den Renaissancehumanismus, sondern auch für die unerhört zynischen Anthropologien, die insgeheim in unseren Produktionsmaschinerien eingebaut sind und dazu neigen, den Menschen als Produktionsmittel und die Psychiatrie als eine Reparaturwerkstatt der Industrie anzusehen, und deren niedriger Begriffshorizont nie utopischere Hoffnungen hegen wird als die Parole »Arbeit für alle« des letzten Wahlkampfs.

Die Marxisten tadeln die Soziobiologie, weil sie mit der Annahme unvereinbar scheint, daß »neue« Gesellschaften einen »neuen Menschen« schaffen können. Ein rhetorischer Einwand, der das Wesentliche nicht trifft, besteht darin, daß sie nur eine neue Form des Sozialdarwinismus sei – wer dies behauptet, hat nie begriffen, daß der Sozialdarwinismus in weit höherem Maß ein Versuch war, die Biologie zu sozialisieren als umgekehrt. Es ist kein Zufall, daß Marx den ersten Band des *Kapitals* Charles Darwin widmete.

Die Philosophen in Harvard und Cambridge kritisieren die Soziobiologie, weil sie einige moralphilosophische Aspekte aus der »Natur des Menschen« ableiten möchte und es eines der großen und allerheiligsten Dogmen der Moralphilosophie in diesem Jahrhundert ist, daß die moralischen Eigenschaften bei Personen und Handlungen nichts mit der Natur zu tun haben können.

Wie sicher ist das aber? Wenn unsere Natur solcherart ist, daß sie einen *Rahmen* von Bedingungen um uns herum schafft, der so ist, daß wir ihn nicht überschreiten können, ohne auf die eine oder andere Weise *kaputtzugehen*, – dann folgt daraus, bestimmte moralische Forderungen zu stellen als vernünftig, andere dagegen als unvernünftig aufzufassen.

Ich will einen Augenblick direkt in Wilsons drittes Buch *On Human Nature* (Harvard University Press 1978) springen, um ein interessantes Beispiel zu bringen, wo Wilsons Soziobiologie plötzlich eine viel humanere Sicht eines menschlichen Phänomens als Freud zeigt, nämlich der *Homosexualität.*

Die Homosexualität bei Freud ist eine Fehlentwicklung des Trieblebens, im wesentlichen durch Kastrationsangst verursacht. Mit anderen Worten, ein Zustand der Abnormität, die unter optimalen Bedingungen geheilt werden kann und geheilt werden muß.

In Wilsons Denken ist der Mensch ein Gemeinschaftstier, dessen tiefste soziale Beziehungen durch genetisch gegebene Programme oder Muster zusammengehalten werden. Der Mensch ist – neben vielem anderen – die Tierart, die flirtet. Kein anderes Säugetier verbringt so viel von seiner wachen Zeit damit, einen erotischen Kontakt mit anderen Individuen zu schaffen und zu modifizieren.

Dieses Verhalten ist nicht in erster Linie von Fortpflanzung motiviert, sagt Wilson, es ist ganz einfach der Leim, der die Gemeinschaft zusammenhält, sowohl die ursprüngliche Jäger- und Sammlergemeinschaft als auch den modernen Staat.

In diesem Kraftfeld erotischer Anziehungen ist die Homosexualität in ebenso hohem Grad funktionell wie die heterosexuellen Bindungen. Sie schafft Loyalität, Zusammenarbeit und Selbstaufopferung in gefährlichen Situationen. Sie ist mit anderen Worten eine der Erklärungen dafür, daß die Gattung so lange überlebte, wie sie es getan hat.

Wilsons ursprüngliches Gebiet – und darauf hat man oft hingewiesen – sind die Insektenstaaten,ein Gebiet, auf dem in unserer Zeit große Fortschritte erreicht worden sind. Er beschrieb sie faszinierend in *The Insect Societies* (Cambridge: Harvard University Press). Seine Untersuchungen dieser merkwürdigen Gesellschaftsgründer und vor allem ihre Gebundenheit an das Science-fiction-artige Phänomen, das *haplodiploide* Vermehrung heißt (d. h. daß befruchtete Eier weibliche, unbefruchtete Eier männliche Tiere ergeben), ein Phänomen, das eine soziale Kontrolle ermöglicht, die das Zentralfinanzamt vor Neid umbringen würde, führten ihn zu Fragen der Wirbeltiersexualität und des Sozialverhaltens, die normalerweise nicht gestellt werden.

Welche Auswirkung hat es auf das Leben der Wirbeltiere, daß sie zwei Geschlechter besitzen und nicht ein einziges – wie bestimmte Pflanzen –, oder Hunderte – wie bei bestimmten Pilzorganismen? *Sociobiology: The New Synthesis* (Cambridge: Harvard University Press 1975) versuchte einen Teil dieser Antworten zu geben und schloß mit dem sehr umstrittenen Gedanken, daß einige dieser Erkenntnisse über die Vertebraten im allgemeinen vielleicht etwas Licht auch auf menschliche Gemeinschaften werfen könnten.

Die genetischen Abstände zwischen Menschen und Schimpansen sind, wie Wilson betont, geringer als diejenigen, die es zwischen den beinahe nicht zu unterscheidenden Varianten der Bananenfliege gibt. Wo liegt da die unüberbrückbare Kluft, die Theologen immer zwischen Mensch und Tier sehen wollten?

Nehmen wir also an, daß es einen genetischen Rahmen für die möglichen oder angemessenen menschlichen Gemeinschaften gibt. Wie sieht aber dieser genetische Rahmen aus:

»Das empirische Problem«, sagt Wilson, »ist in der Tat unglaublich kompliziert: von 250 Millionen Genen, via Programm in 10 Milliarden Neuronen, zu einer unbekannten potentiellen Variationsbreite sozialer Systeme. Wie weit können menschliche Wesen von der Säugetierbandbreite abweichen?«

Hier eröffnet sich ein Problemfeld, das enger verwandt ist mit der Sehweise der Quantenlogik als mit der mechanistischen Sehweise, die einmal zum Sozialdarwinismus des neunzehnten Jahrhunderts führte.

Die von Wilson eröffneten Perspektiven sind philosophisch faszinierend, weil sie ein Schlaglicht auf den ganzen Begriffsapparat der soziologischen Wissenschaften werfen.

Kennzeichnend für Menschen und Anthropoiden ist, daß die Männchen etwas größer sind als die Weibchen. Wenn man viele Arten miteinander vergleicht, ergibt sich die Regel, daß eine deutliche Entsprechung zwischen der durchschnittlichen Anzahl von Weibchen, die mit einem erfolgreichen Männchen zusammen sind, und dem Gewichtsunterschied zwischen den Geschlechtern besteht.

Setzt man die Gewichtsunterschiede des Menschen zwischen den Geschlechtern in eine solche Kurve ein, findet man, daß die Anzahl Weibchen pro erfolgreichem Männchen größer als 1 und weniger als 3 sein muß.

Wie lebenserfahrene Menschen wissen, stimmt dies recht genau mit normalem menschlichen Verhalten überein.

Aber wie konnte es dies tun? Hier wurden ja keine psychologischen oder soziologischen Kausalerklärungen gebracht, sondern die Überlegung gleicht am ehesten einer physikalischen Voraussage.

Gibt es eine Art allgemeiner Bedingungen des Wirbeltierlebens, die uns so selbstverständlich sind, daß wir sie normalerweise nie sehen? Müssen wir ein Verbot übertreten, um zu erkennen, was wir selbst sind?

Klassische Fragen

Beobachtet zu werden

Als Carl von Linné für seinen Sohn Carl die ursprünglich ganz private Sammlung von Fallberichten aus seinem eigenen Leben, die *Nemesis Divina* zusammenstellt, die dem Sohn helfen soll, ein moralisch untadeliges Leben zu führen, schreibt er auf das Titelblatt: »Innocue vivito, numen adest«, einen lateinischen Spruch, den man vielleicht so übersetzen kann: »Lebe in Unschuld, eine Gottheit ist anwesend!« Linnés berühmte Beispielsammlung, ein schroffes und düsteres Produkt biblischen Glaubens an göttliche Gerechtigkeit, antiker Schicksalsgläubigkeit und Lehren des achtzehnten Jahrhunderts von einem Gleichgewicht in der Natur, das sich bis tief in die menschliche Ökonomie erstreckt, versucht zwei Dinge zu sagen. Das eine ist, daß alle unsere schlechten Handlungen bereits hier auf Erden bestraft werden, und das andere, daß wir leben müssen, als ob wir immer gesehen und beobachtet würden. Beide Gedanken haben tiefe Wurzeln im christlichen Glauben, der antiken Tradition und dem schwedischen Volksglauben. Als sie sich bei dem Naturwissenschaftler Linné mit seiner Lehre von der Ökonomie der Natur verbinden, einer Ökonomie, wo in Übereinstimmung mit der göttlichen Natur *nichts verlorengeht*, entsteht eines der originellsten Werke der schwedischen Literaturgeschichte, das später unter anderem den alternden August Strindberg inspirieren sollte.

Heute, da Computer, Datenverarbeitung, Vernetzung von Datenbanken und die Auswirkungen dieses ganzen Bereichs von brennender Aktualität sind, wird Linnés Schrift aus dem achtzehnten Jahrhundert merkwürdig aktuell.

Computertechnik ist natürlich an sich neutral. Sie legt Machtinstrumente in die Hand von Behörden und starker Verwaltungen, legt aber auch ungeahnte private Mittel in die Hände privater Benutzer. In Ländern mit großer persönlicher Freiheit und gesicherten fundamentalen Bürgerrechten wie den USA ist gegenwärtig die Tendenz vorhanden, die positiven Seiten der Computer zu betonen: die Macht, die der Heimcomputer in die Hand des einzelnen Benutzers legt, ist nicht unbedeutend und imstande, das Leben der ganzen menschlichen Gesellschaft zu verändern. In Ländern mit schwankendem bürgerlichen Selbstbewußtsein wie Schweden gibt es eine Tendenz, die Computertechnik als Technik, vielleicht zu Unrecht, verantwortlich zu machen für die gewachsene Unsicherheit, die die Computeranlagen der Bürokraten und Behörden im Leben der einzelnen Menschen schaffen.

Das Interessante an der Computertechnik ist, daß sie gerade dabei ist, ein völlig zusammenhängendes zivilisatorisches Feld zu schaffen; sie verändert die Welt um uns herum ungefähr so, wie es die mechanische Industrialisierung tat. Die Veränderung durchläuft dieses Feld vom Spiel und Spaß des Kindes bis zu der veränderten Art und Weise des Philosophen und Logikers, sich mit den klassischen Problemen zu befassen.

Und das Allerinteressanteste: sie schafft neue Mythologien. Eine davon ist die Idee des *alles sehenden* Computers, des zentralen Systems, das uns sehen kann, wie Gott uns sieht.

Durch die Vernetzung von Datenbanken ist es, wie wir wissen, bereits möglich, zentral das Leben eines einzelnen Menschen in seinen wirtschaftlichen und anderen Einzelheiten zu analysieren: seine Reisen ins Ausland, Zeitungsabonnements, Zahlungsgewohnheiten und Stromverbrauch können zu einem einzigen Profil zusammengeführt werden.

Auf diesen Möglichkeiten, mehr als auf dem Machtzuwachs des einzelnen durch den Heimcomputer, liegt das Gewicht in der schwedischen Debatte. Und das mit gutem Grund.

Ich will mich nicht der Kritik an dem rasch abnehmenden Schutz persönlicher Daten anschließen. Statt dessen möchte ich etwas über die Veränderung des Lebensgefühls und der sozialen Gewohnheiten sagen. Dies kann möglicherweise bedeuten, daß die Erfahrungen aus Linnés *Nemesis Divina*, *daß wir immer beobachtet werden* und *daß nichts verlorengeht,* wieder lebendige Realitäten in der modernen Welt werden.

Es gibt eine verblüffende Ähnlichkeit zwischen der moralischen Erfahrung, die Linné beschreibt, und unserer eigenen. Es gibt aber auch einen bedeutungsvollen Unterschied:

Die Macht, die Linné Gott zuschreibt, gelangt in unserer

Gesellschaft zum Staat, oder besser gesagt, zu einer menschlichen Machtelite. Aus Linnés »Lebe ohne Tadel, denn eine Gottheit sieht dich« wird hier ein viel säkularisierteres, letztlich vielleicht undefinierbares »Lebe ohne Tadel, denn *sie* sehen dich«, wo *sie* dieselbe Hilflosigkeit repräsentieren soll wie in einer Reihe anderer Situationen, wo ein unpersönliches *sie* eine Macht repräsentiert, die sich nicht näher bestimmen läßt. Ein wichtiger Unterschied zwischen »Gott« und »sie« ist natürlich, daß »sie« nie eine moralische Instanz in gleicher Weise sein können wie »Gott«, obwohl beide uns sehen. Das bürokratische »sie« kann uns nie von seiner grundlegenden Güte überzeugen. Eine Macht, ausgestattet mit einer so göttlichen Eigenschaft wie der Allwissenheit, die noch dazu nie vergißt und die dennoch nicht Gott ist, muß immer – so wohlwollend sie auch ihre Absichten hinstellt – unserer mythologischen Intuition als gefährlich und dämonisch erscheinen.

Ich spreche nicht davon, wie es sich wirklich verhält (denn in Wirklichkeit gibt es trotz allem kein solches Allwissen in unserer Gesellschaft, und es ist möglich, daß dies nie erreicht wird, nachdem das Ideal, das dieses repräsentiert, bereits kompromittiert und von großen Teilen der Bevölkerung in Frage gestellt ist), sondern von der *Mythologie*, mit der der moderne Mensch erwartet, sich angesichts der Computergesellschaft verteidigen oder artikulieren zu können.

Diese Mythologie gleicht also in zwei entscheidenden Punkten der Mythologie in Linnés Nemesis-Lehre, nur mit dem Unterschied, daß die allwissende und nie vergessende Macht im modernen Mythos eine dämonische Macht ist.

Die interessante Frage ist also, wie der moderne Mensch auf eine Mythologie reagiert, die ihm sagt, daß er beobachtet wird, genauso wie ein Mensch des Mittelalters oder der fromme alternde Linné sich von Gott beobachtet fühlt.

Eine Schwierigkeit, die man in dem Zusammenhang nennen muß, ist, daß *Privatleben* im modernen Sinn ein vergleichsweise spätes Phänomen ist. Wie z. B. Ariès in seinem Buch über die soziologischen Verwandlungen der Kindheit zeigt, ist die persönliche Abgeschiedenheit, z. B. nachts in Form von Bettvorhängen, der adeligen oder gutbürgerlichen Familie vorbehalten. Das französische Adelshaus in älterer Zeit ist ein wimmelndes soziales Milieu, voll von Dienern und Parasiten, von denen viele die Nächte in Fensternischen oder auf Treppenabsätzen schlafend verbringen. Unter Bauern und kleinen Handwerkern ist der Mangel an Diskretion bei den verschiedenen natürlichen Situationen natürlich noch größer. Ein Blick auf die Abtritte der schwedischen Fabriken in älterer Zeit oder der Militärverbände mit ihren langen Reihen von Löchern kann uns eine Ahnung vom Mangel an biologischer Diskretion in früheren Zeiten vermitteln. Abgeschiedenheit, »privacy«, ursprünglich eine aristokratische Luxusware, gewinnt im alltäglichen Zusammenleben nur langsam den Status eines menschlichen Anrechts.

Nicht mehr von anderen gesehen zu werden, nicht dauernd betrachtet zu werden, ist einer der menschlichen Fortschritte, die der Viktorianismus mit sich bringt.

Wenn wir sagen, daß z. B. die Vernetzung von Datenbänken die Unantastbarkeit des Menschen bedroht (und es ist selbstverständlich meine Meinung, daß sie das tut), meinen wir offensichtlich, daß sie unser Bedürfnis an Abgeschiedenheit in einer Weise bedroht, die nicht direkt biologisch ist, sondern mehr wie Gott bei Linné immer eine Bedrohung unserer Abgeschiedenheit darstellt. Es ist nicht so sehr eine Bedrohung dessen, was die Viktorianer »das natürliche Schamgefühl« nennen, sondern eher eine Drohung, daß der *Zusammenhang* unseres Lebens aufgedeckt wird.

Man könnte feststellen, daß ein Mensch der früheren Zeit, der vorviktorianischen Zeit, sagen wir ein Diener im Stockholmer Schloß zu Gustav II. Adolfs Zeit, weniger gegen biologische Neugier und mehr gegen sozialen und wirtschaftlichen Einblick geschützt war, als es ein Arbeiter in Norrbottens Eisenhütte heute ist.

Die Art Abgeschiedenheit, die uns vor biologischer Neugier schützt, ist heute also in hohem Maße verwirklicht, während die Fenster für eine andere Form des Einblicks in unser Leben weit geöffnet wurden.

Ich beschrieb dies gerade als »Zusammenhang unseres Lebens«. Das ist natürlich ein sehr ungenauer Ausdruck für das komplizierte Geflecht von Funktionen sozialer, biologischer, wirtschaftlicher, vielleicht auch religiöser und ritueller Art, die zusammen die Wirklichkeit eines Menschen ausmachen. Hierher gehören seine Freunde und Feinde, seine Gewohnheiten und das, was er nie zu tun pflegt, seine relative Größe, wirtschaftlich, sozial, in Hinblick auf seine Beliebtheit, in Verhältnis zu dem Geflecht von Menschen und Einrichtungen, die ihn umgeben.

Kenntnis darüber gibt natürlich politische und vor allem bürokratische Macht.

Aber ich glaube nicht, daß dies der tiefste Grund für das deutliche Unbehagen ist, das alle normalen Menschen angesichts der Möglichkeit einer solchen Kontrolle verspüren. Die Vermutung, auf die man manchmal bei Bürokraten und einfältigeren Politikern stößt, daß nur die Menschen, die etwas zu verbergen haben, die Durchsichtigkeit des Computerstaats fürchten, ist natürlich auch naiv.

Der überwiegende Teil aller Menschen befindet sich in einer wirtschaftlichen Situation – Gehaltsempfänger wie sie sind –, wo sie kaum die Möglichkeit haben, auch nur mit einer U-Bahn-Quittung zu schummeln, da jedes Detail ihrer Einkünfte von Anfang an durchleuchtet wird.

Es ist nicht die Entdeckung von Unregelmäßigkeiten, die die Menschen bei der Computerdurchleuchtung fürchten. Es ist die Durchleuchtung selbst, drohend und mythologisch wie das göttliche Auge bei Linné.

Vielleicht liegt die eigentliche Erklärung dafür, daß wir so reagieren, auf einer religiösen und moralischen Ebene: es gibt eine Hybris im modernen Staatszentralismus, die unseren allertiefsten Instinkten abstoßend erscheint. Der Staat tritt auf, als wäre er Gott im Sinne Linnés, wenn er versucht, eine Bestandsaufnahme unserer Lebensumstände mit einer Überheblichkeit, die gotteslästerlich ist, zu machen.

»Gotteslästerlich« ist ein merkwürdiges Wort in einer positivistischen Darstellung; jemand spricht vielleicht mit größerer Selbstverständlichkeit von »Hybris«. Der interessante Punkt bleibt derselbe: es gibt Ansprüche, bei denen wir uns in grundlegender Weise gehindert fühlen, sie jemandem zuzugestehen.

Es ist auf eine sonderbare Weise verblüffend, wie eng die heutigen Alpträume einer computerkontrollierten Gesellschaft und die Wachträume, die den europäischen Roman am Ende des neunzehnten Jahrhunderts beherrschten, beieinanderliegen. Der Schriftsteller als Spion seiner Zeit, Detektiv, allgegenwärtiger Zeuge und Erforscher von Zusammenhängen: man kann diesen Wunschtraum in Balzacs, Zolas und August Strindbergs naturalistischem Programm leicht als den Traum erkennen, alle Zusammenhänge eines Lebens in allen Richtungen zu durchforschen.

Als Baudelaire in seinem berühmten, oft kommentierten Sonett *A une passante* die Form anonymer Begegnung schildert, die 1857 im sich verdichtenden Fußgängerverkehr möglich geworden ist, beschreibt er eine neue Art der Anonymität, die Abgesondertheit des Großstadtmenschen mitten im Strom der Passanten:

> Betäubend heulte die Straße rings um mich. Hochgewachsen,
> schlank, in tiefer Trauer, hoheitsvoller Schmerz, ging
> eine Frau vorüber; üppig hob und wiegte ihre Hand des
> Kleides wellenhaften Saum;
>
> Leicht und edel setzte sie wie eine Statue das Bein. Ich
> aber trank, im Krampf wie ein Verzückter, aus ihrem Auge,
> einem fahlen, unwetterschwangeren Himmel, die Süße, die
> betört, die Lust, die tötet.
>
> Ein Blitz . . . und dann die Nacht! – Flüchtige Schönheit,
> unter deren Blick ich plötzlich neu geboren war, soll ich
> dich in der Ewigkeit erst wiedersehen?
>
> Anderswo, sehr weit von hier! zu spät! *niemals* vielleicht!
> Denn ich weiß nicht, wohin du enteilst, du kennst den Weg
> nicht, den ich gehe, o du, die ich geliebt hätte, o du, die es wußte!

(Übersetzung von Friedhelm Kemp)

Die *Nacht*, von der der Dichter spricht, die Aussichtslosigkeit, die unter vielem anderen der Mangel der Großstadtanonymität an Persönlichem ist, können als ein Sinnbild für die allergrößte

Wißbegierde des ausgehenden neunzehnten Jahrhunderts stehen: die Labyrinthe des sozialen Lebens zu durchleuchten.

Auf diese Weise kann das kalte und gotteslästerliche Licht, das die moderne Vernetzung der Datenbanken über das ganze Geflecht sozialer Beziehungen wirft, als die dämonische Antwort auf einen der heimlichsten Wunschträume der naturalistischen und vormodernistischen Literatur gesehen werden: den totalen sozialen Roman.

Man kann also mit einem gewissen Recht sagen, daß die Tagträume einer Zeit immer von den Alpträumen einer späteren Epoche beantwortet werden.

Baudelaire: Fallhöhe und Zeit

Man sieht Charles Baudelaire gewöhnlich als den Punkt an, wo die moderne Lyrik beginnt. Ungefähr da endet die Übereinstimmung. Was macht ihn zur Wasserscheide, zum Ort des Übergangs? Warum weisen wir beispielsweise nicht Rainer Maria Rilke diese Rolle zu?

Der recht große Zeitabstand zwischen 1857 (*Les Fleurs du Mal*) und 1923 (*Duineser Elegien*) kann dies nicht allein erklären. *Die Zeit ist nicht alles*, wenn es darum geht, den Begriff der Modernität festzulegen. Es wurde natürlich eine beträchtliche Menge »unmoderner« Lyrik nach Baudelaire geschrieben, etwa von Brecht und Stefan George. Und die naturalistische Ader, die den großen Franzosen im Gegensatz zu seinem Freund Théophile Gautier (mit seinen anmutigen Erdbeerkörben, schwärmerischen Sommernächten und dem »Gespenst eines Falters«) erkennen läßt, daß »Natur« nicht nur Rosen und Schmetterlinge sind, sondern mit demselben Recht im rasch fortschreitenden Verfall, im brummenden Chor der Aasfliegen um einen verwesenden Kuhkadaver verkörpert werden kann, nichts davon ist wirklich neu. All dies ist reich vertreten nicht nur in den allgemeinen Traditionen der europäischen Barocklyrik (»Der Tod verwest im Staub«), sondern auch in der Textwelt, die Baudelaire unmittelbar umgibt: der ersten modernen Journalistik. Als Baudelaire festlegt, wie der moderne Künstler aussehen soll, nimmt er bezeichnenderweise einen Zeitungszeichner und Kriegsberichterstatter, Constantin Guys (1805-1892), zum Maßstab.

Das Interesse für Schlachtfeld, Operationstisch und Kriminalreportage liegt in der Zeit. Eines der gräßlichsten und gleichzeitig gehaltvollsten Gedichte in *Die Blumen des Bösen* ist ganz einfach eine Kriminalreportage von der Art, wie sie die rasch aufblühenden Zeitungsblätter nun möglich machen, seit Girardins *La Presse* den Weg dadurch gebahnt hat, daß sie den Schritt vom Bulletin zum Annoncenmedium tat. Ganz zutreffend trägt dieses bemerkenswerte Gedicht den Untertitel *»Zeichnung eines unbekannten Meisters«*:

Inmitten von Flakons, durchwirkten Stoffen und wollüstigen Möbeln, von Marmorbildern, Gemälden, duftenden Gewändern, die in Falten prunkvoll schleifen,

In laulichem Gemach, wo, wie im Treibhaus, die Luft gefährlich ist und unheilvoll, wo Blumensträuße sterbend in gläsernen Särgen ihren letzten Seufzer hauchen,

Ergießt ein Leichnam ohne Kopf, in stetem Fluten, auf das durchnäßte Kissen ein lebendig rotes Blut, daran das Linnen sich satttrinkt mit einer Wiese Gier.

(Eine Märtyrerin)

Roger Caillois, ein bewunderungswürdiger Kritiker, veröffentlichte bereits 1937 als jungerMann in der *Nouvelle Revue Française*[1] einen Essay *Paris, Mythe Moderne*, der zu dem Klärendsten gehört, was über Baudelaires Modernität geschrieben worden ist. Walter Benjamin zitiert diesen Essay mehrfach in den verschiedenen Vorarbeiten zu seinem *Passagenwerk*. Trotzdem gelingt es ihm nicht recht klarzumachen, in welch *enormem* Umfang seine eigene Arbeit[2] von diesem Essay inspiriert ist.

Baudelaires Modernität, sagt Caillois, besteht darin, daß er als erster die *mythologische* Dimension der modernen Großstadt begreift. Und sie ist nur in der Art Großstadt möglich, zu der Paris am Ende der Königsherrschaft Louis Philippes und noch mehr unter Louis Napoléon wurde. Seine Dichtung entsteht in einer Zeit, als der Unterhaltungsroman sich vom Abenteuerroman zum Kriminalroman entwickelt hat.

Der Kriminalroman besitzt bestimmte Eigenschaften, die ihn in grundlegender Weise vom Abenteuerroman unterscheiden. Die Szene verändert sich radikal von Alexandre Dumas zu Edgar Allan Poe. Die historischen Kostüme sind nicht mehr notwendig, denn das Abenteuer ist mit einemmal gleich bei uns möglich; der scheinbar harmlose Alltag öffnet plötzlich die Falltüren zu labyrinthischen und gefährlichen Verwicklungen, zu Verbrechen, Untergang und Ekstase.

»Die Umkehr«, sagt Caillois, »ist total: eine Welt überlegener Kräfte und unverzeihlicher Vergehen, ununterbrochener Gewalttaten und Mysterien, eine Welt, in der jeden Augenblick alles völlig möglich ist, weil die Phantasie bereits im voraus ihre ungewöhnlichsten Herausforderungen aufgestellt hat, diese Welt ist nicht mehr abgelegen, unzugänglich und isoliert, es ist die Welt, in der jeder sein Leben verbringt.«[3]

Typisch für die mythologische Großstadtwelt dieses Kriminalromans ist nicht nur, daß die Gefahr direkt um die Ecke lauert und daß der Verbrecher sich unter den bürgerlichen Gästen in der Hotelhalle verbirgt. Es ist eine gefahrenvolle Welt, aber gleichzeitig eine, in der *alles zur Hand ist*, eine Konsumwelt. Caillois' außerordentliches Verdienst ist es, daß er erkannt hat, welch tiefe Wurzeln Baudelaires Sprache in dieser veränderten Situation hat. Diese Erkenntnis hat sicher große Bedeutung gehabt für Walter Benjamins vielleicht letztlich doch etwas krampfhaften Versuch, das marxistische Begriffssystem des Warenfetischismus auf Baudelaires Paris anzuwenden, das der Ort ist, wo Verbrechen und Konsum zusammenkommen, ja praktisch genommen eine mystische Verbindung eingehen, wie im Gedicht *Eine Märtyrerin* mit seiner Sensationsreportage über eine Luxusprostituierte, die enthauptet wurde, um endgültig ein unstillbares Verlangen zu befriedigen.

Das neue Paris der Konsumenten und Verbrecher hat viel miteinander zu tun; wo alles zur Verfügung steht, ist alles auch bedroht:

Der holde Abend naht, der Freund des Verbrechers; wie ein Komplize naht er, auf wölfisch leisen Sohlen;
[...]
Indessen erwachen träge in der Luft die schädlichen Dämonen, wie Leute, die an ihr Geschäft sich machen, und taumeln im Fluge gegen Läden und Vordach. Im Lichtschein, den der Wind unruhig hin und her zerrt, entzündet auf den Straßen sich die Prostitution; wie ein Ameisenhaufen öffnet sie ihre Ausgänge; überall bahnt sie geheim sich einen Pfad, wie der Feind, der einen Handstreich unternimmt; sie regt im Schoß der Schlamm-Stadt sich wie ein Wurm, der dem Menschen seine Nahrung raubt.

Hier und dort hört man die Küchen zischen, die Theater kreischen, die Orchester dröhnen; die Gästetafeln, deren Wonne das Spiel ist, füllen sich mit Huren und mit Gaunern, ihren Helfern, und auch die Diebe, die weder Rast noch Schonung kennen, werden bald sich an die Arbeit machen und sanft die Türen aufbrechen und die Kassen, um ein paar Tage zu leben und ihre Liebchen anzuziehn.

(Die Abenddämmerung)

Wir wollen noch einmal den klugen Roger Caillois zitieren: »*De facto* bedeutet diese Wahl des urbanen Lebens als Dimension des Mythos eine deutliche Parteinahme für die *Modernität*. Man weiß, welch wichtige Rolle dieser letztere Begriff bei Baudelaire spielt: man sollte sich nicht darüber wundern, in ihm einen entschiedenen, ja leidenschaftlichen Vorkämpfer dieser neuen Richtung zu finden. Es gehe ihm, sagt er, um die ›prinzipielle und wesentliche‹ Frage, nämlich zu erfahren, ob seine Zeit ›eine besondere Schönheit, einverleibt mit neuen Leidenschaften‹, besitzt.«[4]

Baudelaire sollte sein ganzes intensives Dichterleben damit verbringen, die noch nicht ganz voraussehbaren Konsequenzen dieser – wie Caillois sagt – »epischen« Qualitäten des modernen Großstadtlebens zu erforschen. Und hier werden nicht einmal *Die Blumen des Bösen*, diese auch in den äußeren Dimensionen sehr große Gedichtsammlung, zur Erklärung ausreichen, worum es geht.

Im Licht dieses besonderen Modernitätsbegriffs mag ein Gedicht wie *Einladung zur Reise* merkwürdig widersprüchlich wirken. Spricht es nicht einerseits in einer fast ländlichen Weise von der Flucht aus dieser erschreckenden Großstadtwelt, tut dies aber andererseits in einer Sprache der Ästhetik der Dinglichkeit, des Oberflächensensualismus, den wir heute mit der Sprache der modernen Werbung verknüpfen? Ich schreibe diese Gedanken in einem Land, in dem man jeden Augenblick des Tages zu mindestens fünfunddreißig Fernsehkanälen, die fast alle etwa jede Viertelstunde Werbung bringen, Zugang hat. Diese Reklamesendungen lehren uns oft nichts anderes als eine ästhetische Verhaltensweise, ein taktiles Wahrnehmen der Dingoberfläche, das mit der Haltung im Mittelteil des berühmten Reisegedichts identisch ist. In sehr viel höherem Maß ist diese Sprache, die wir – allerdings nicht als Baudelaires Zeitgenossen – als raffinierte

Reklamesprache ansehen, *unsere* Sprache – als die Brechts oder Georges. Genau wie die Horrorgeschichte mit dem abgetrennten Kopf ist es diese Art von Phantasien, womit der Kompost unserer Zeit aus Horrorfilmen und Horrorgeschichten unser Phantasieleben befruchtet und auf diese Weise unsere Urangst entlastet. Im Unterschied zu manchem geschäftigen Pädagogen bin ich der Meinung, daß es keinen Horrorfilmproduzenten gibt, der unheimlichere Vorstellungswelten schafft als die Phantasie eines vierzehnjährigen Jungen, der in einem einsamen Zimmer liegt und auf den Schlaf wartet. Daher ist jeder Versuch, die Bilder, denen wir begegnen, zu zensieren, völlig sinnlos und beruht auf einer puritanischen Vorstellung von der Unschuld des Kindes, die schwerlich aufrechtzuerhalten ist.

Es gibt keine unschuldigen Kinder und auch keine ahnungslosen Opfer der taktilen Ästhetik der Fernsehwerbung. Baudelaires Sprache ist unsere, und in gewissem Sinn sind wir seine geworden:

Dort herrschen Ordnung nur und Schönheit, Luxus, Stille und Wollust.

Schimmernde Geräte, von den Jahren blank gerieben, schmückten dort unser Zimmer; die seltensten Blüten, deren Düfte mit leisem Ambrahauch sich mengen, die reichverzierten Decken, die tiefen Spiegel, die Pracht des Orients, alles spräche verstohlen dort die Seele mit lieben Heimatworten an.

Dort herrschen Ordnung nur und Schönheit, Luxus, Stille und Wollust.

(Einladung zur Reise)

Wir haben schon erwähnt, daß Rilke der andere Pol in dem großen System ist, das wir ungenau »Modernismus« nennen. (Ich sage »ungenau«, denn was haben solch einfacheren Megaphone des Gegenwartsgefühls wie ein Marinetti oder ein Majakowski mit dem Niveau zu tun, auf dem wir uns bewegen?) Seine Bewunderung für Baudelaire ist total, und was er bewundert, ist die Fähigkeit des französischen Meisters, sozusagen mächtige griechische Tempelsäulen in der Angst zu errichten, daß das ganze Dasein einstürzen und sich als bodenlos und ohne Sinn zeigen wird. Dies weist auf die Verwandtschaft der beiden größten modernen Dichter hin, auf ihre Vieldeutigkeit und die beinahe unbewußte Mischung von Klassizismus und Entdeckerfreude.

Es gibt also in Baudelaires Welt eine Bewegung fort von der neuen Form der Gesellschaft, wie sie sein Paris repräsentiert, und eine unwiderstehliche Anziehung einer ihrer grundlegenden Haltungen, des sinnlichen Konsumierens. Zu dem letzteren gehören *eine* Form der Sexualität, die Drogen, die Schönheit. Und das Wasser, das Feuchte überhaupt. Wo es Feuchtigkeit gibt, da gibt es in Baudelaires Dichtung noch Schönheit und Hoffnung. Schnell gleiten die großen Schiffe im Traum von Luxus und Frieden in den Hafen hinein, den *Einladung zur Reise* bildet. Es existiert eine tiefe Polarität zwischen dieser *feuchten* erotischen Zone in Baudelaires Poesie (auch der Kadaver in dem Gedicht gleichen Namens gehört zu dieser »Matrize«, um mit Michel Riffaterre zu sprechen) und einer anderen Matrize: *dem Trockenen*, Metallischen, Klirrenden. Das Klirrende ist ebenso sexuell geladen wie das Feuchte, besitzt aber eine andere Art von Ladung.

> Die Liebste war nackt, und da sie mein Herz kannte, hatte
> sie nur ihr klingendes Geschmeide anbehalten, dessen
> reicher Zierat ihr jene Siegesmiene gab, wie sie an frohen
> Tagen die Sklavinnen der Mauren schmückt.
>
> Wenn diese schimmernde Welt aus Steinen und Metall im Tanze
> hell und spöttisch klirrt, reißt sie mich in Verzückung,
> und leidenschaftlich liebe ich die Dinge, in denen Klang
> und Glanz sich mischen.
>
> *(Die Geschmeide)*

Aber das Trockene ist nie ein wirklich gutes Zeichen bei Baudelaire. Wo das Metallische rasselt oder wo der trockene Staub aufsteigt, steht auch der Überdruß, *l'ennui* (der vor allem Machtlosigkeit ist, ein Gefühl, eigentlich nie in Anspruch genommen worden zu sein), auf der Lauer, mit allen seinen satanischen Folgen. Das Klirren hat mit Licht und Klängen, die sich vereinigen, zu tun, aber im Klirren liegt immer auch eine Wahrnehmung von etwas im Grunde Unkontrollierbarem.

In dem außerordentlichen Gedicht mit dem Titel *Das Spiel* wird die Doppelrolle des Metallischen besonders deutlich. Es ist übrigens das einzige Gedicht, in dem Baudelaire sich selbst in das Bild eingefügt hat, nachdem er sorgfältig das Gedicht als Ganzes in einen Rahmen gestellt hat. Er macht das Zimmer zu einer dunklen und drohenden alten Gravüre, wo der Eindruck der vertrockneten Spielergesichter vom Klirren der Schmuckstücke verstärkt wird:

Dies war das schwarze Bild, das deutlich in einem Traumgesicht vor meinem Auge sich nachts entrollte. Mich selber sah ich auch: in einem Winkel der stummen Höhle, die Arme aufgestützt, kalt, wortlos und voll Neid.

Es liegt etwas Sonderbares in der unglaublich vieldeutigen und tief sexuellen Rolle des Hasards bei Baudelaire. Das Spiel ist natürlich ein Mittel, den Überdruß zu bekämpfen, die Energien der Zeit auf den Punkt zusammenzupressen, an dem die Roulettkugel stehenbleibt, die entscheidende Karte fällt. Dieser Augenblick ist wie der sexuelle Orgasmus ein Augenblick der Zeitverlängerung, der Intensivierung. Es ist aber auch der Augenblick der Katastrophe. *Chemin de fer* heißt ein beliebtes Glücksspiel der Zeit, wie es in den Passagen von Paris gespielt wird. Mit sonderbarer Logik, denn die Eisenbahnen sind natürlich ein neues technologisches System, das zu diesem Zeitpunkt neue Angsterlebnisse »technologischer Fallhöhe«, wie Wolfgang Schivelbusch[5] es genannt hat, vermittelt.

Die neuen technologischen Systeme enthalten eine gezügelte Kraft, die in dem Moment, in dem sie durch eine fehlerhafte Funktion freigesetzt wird, eine unendlich größere zerstörerische Wirkung als zum Beispiel die Säbelspitze eines Kavalleristen entwickelt. Die Bezeichnung für diese Säbelspitze, *la choque*, wechselt nun das Begriffsfeld und wird durch die Erfahrungen des Eisenbahnunglücks allmählich ein Zentrum in einem ganz neuen Zusammenhang bilden: das der traumatischen Neurose und der Hysterietherapie. Hier gibt es die Erfahrung der Menschen, die von der Fallhöhe betroffen wurden, die soviel gesehen haben, daß sie ihre Sinne gegen alle äußeren Eindrücke endgültig abschließen wollen.

Eine neue Erfahrung von Trance, von Selbstvergessenheit, von Menschen, die sich, wie in H. G. Wells besten frühen Erzählungen, in anderen Welten aufhalten, eine Ästhetik der Gedankenflucht wie in Rilkes *Aufzeichnungen des Malte Laurids Brigge* stehen hinter der Ecke als eine logische Fortsetzung dieser industriellen Erfahrung. *Sensations détraquées* (*Zerfetzte Sensationen*) nennt August Strindberg bezeichnenderweise eines seiner französischen Prosastücke aus den neunziger Jahren. Daß »die Nerven« von der Jahrhundertmitte, ja seit etwa 1857 in Mode sind, ist in ganz hohem Maß eine industrielle Angelegenheit. Baudelaire nimmt dies vorweg. Vielleicht ist er geradezu der Schöpfer dieser Verteidigungsposition, dieser postindustriellen Ästhetik?

> (Dort sah ich . . .)
>
> Einen Schwan, der aus seinem Käfig entwichen war und, mit dem Schwimmfuß das trockene Pflaster scharrend, über den holprigen Boden sein weißes Gefieder schleifte. An einem wasserlosen Rinnstein riß das Tier den Schnabel auf.
>
> Und badete mit fahriger Gebärde die Fittiche im Staub, und sprach, im Herzen seines schönen Heimatsees gedenkend: »Wasser, wann endlich wirst du niederregnen? wann wirst du donnern, Wetterstrahl?«
>
> *(Der Schwan I)*

Es gibt kaum eine andere Stelle bei Baudelaire, wo diese sublime Dialektik von Dürre und Regen, von Überdruß und Nervenreiz, fadem Warten und Zeit zu einer Begegnung von so extrem spezifischem Gewicht gestaltet wird.

»Paris verändert sich! nichts aber hat in meiner Schwermut sich bewegt!« heißt es im zweiten Teil desselben Gedichts. Was bedeutet das? Auch die Stadtveränderung durch Haussmann zeigte schließlich, daß die Stadt ein technologisches System war, das eine Fallhöhe, ein verborgenes zerstörerisches Potential besaß. Aber auch dieses Unwetter konnte keinen Regen bringen.

Baudelaires Verhältnis zum industriellen Durchbruch ist tief und fein verzweigt. Seine Reaktionen erstrecken sich über ein Spektrum von saint-simonistischem Vernunftkult und Planungswahnsinn beinahe volksheimideologischen Ausmaßes bis zum tiefsten Anarchismus. Man kann sich des Eindrucks kaum erwehren, daß sein Satanismus, eine der Seiten seiner Dichtung, die Walter Benjamin eigentümlicherweise fast mit völligem Schweigen in seinen Entwürfen übergeht, in Zusammenhang mit seinem Ringen mit dem Saint-Simonismus steht. Satan ist ein Gegenplaner. Ein Vereitler von Plänen.

Drei Jahre vor *Die Blumen des Bösen*, d. h. 1854, veröffentlichte George Boole, Professor in Cork (Irland), sein Werk *An Investigation of the Laws of Thought*. Mit anderen Worten, das Buch, das die Boole-Algebra einführte und den Weg für den modernen Computer eröffnete. Heimliche Verbindungen vereinen diese beiden Bücher.

Es ist so, als wollte Baudelaires Buch die Menschheit auf die große Übergangsphase vorbereiten, die Booles Buch ankündigt. Von den künstlichen Paradiesen zur künstlichen Intelligenz.

Anmerkungen

1 Roger Caillois, *Paris, Mythe Moderne*. In: NRF Vol. 284, 1. Mai 1937, S. 688 ff.

2 Walter Benjamin, *Gesammelte Schriften*. Herausgegeben von Rolf Tiedemann. Band V 1-2: *Das Passagenwerk*. Frankfurt/M. 1982.

3 Caillois, ibidem, S. 685.

4 Caillois, ibidem, S. 691.

5 Wolfgang Schivelbusch, *Geschichte der Eisenbahnreise. Zur Industrialisierung von Raum und Zeit im 19. Jahrhundert*. 2. Aufl. München 1978, S. 118.

Die Übersetzung der Gedichte stammt von Friedhelm Kemp und ist dem Band 3 der Ausgabe sämtlicher Werke und Briefe Charles Baudelaires, München 1975, entnommen.

Einige Überlegungen zum Übergang zwischen philosophischem und religiösem Problem

Jeder, der sich vor das Problem gestellt sah, *sich selbst zu beschreiben*, mag es in Form autobiographischer Prosa, eines psychoanalytischen Monologs oder vielleicht einer Bewerbung sein, hat sicher bemerkt, daß er vor eine paradoxe Wahl gestellt ist, der man in anderen Situationen der Beschreibung nicht begegnet.

Wer sich selbst beschreiben will, muß entweder *steril* oder *ironisch-verlogen* werden.

Er muß entweder davon ausgehen, daß er eine geschlossene Menge beschreibt, eine Erfahrung, eine Karriere, eine Leidensgeschichte, kurz gesagt eine bestimmte Menge von Ereignissen, die sich nicht mehr durch spätere Erfahrungen verändern lassen.

Jeder, der nur ein wenig Erfahrung mit modernen autobiographischen Romanen und Dokumenten sozialpolitischer Art besitzt, weiß, daß sie denselben langweiligen, gleichzeitig klebrigen und starren Eindruck vermitteln wie ein hochgradig betrunkener Mann, der spät abends in der U-Bahn uns ununterbrochen auffordert, ihm rechtzugeben.

Ihm rechtzugeben, daß die Gesellschaft ihn schlecht behandelt hat, daß seine Frau eine Hure ist, daß der Werkmeister an seinem Arbeitsplatz ein Schurke ist.

Sein Leben als eine geschlossene Menge von Ereignissen zu behandeln ist natürlich unrealistisch, da niemand, der sich am Leben befindet, es vernünftigerweise als eine geschlossene Menge behandeln kann.

Von sich in der Art autobiographischer Prosa zu sprechen bedeutet so zu sprechen, als wäre man *de facto* jemand anderer, jemand, der Gegenstand für Personalpronomina in der dritten Person werden kann.

Und der eigentümlich *insistierende* Eindruck, der entsteht, wenn man dies trotzdem macht, hat natürlich damit zu tun, daß man seinem Zuhörer eine Fiktion aufzwingen will, von der er von Anfang an weiß, daß sie nie aufrechterhalten werden kann.

Das alte Verbot der Etikette, in der Ich-Form zu sprechen, hat tatsächlich einen Grund, der über das Äußerliche hinausgeht: die erste Person, sozusagen unschuldig verwendet, ist nicht nur eine impertinente Form: sie führt vor allem zu einer erschreckenden Sterilität.

Denn wer etwas Unabgeschlossenes und Unentscheidbares – ich werde darauf zurückkommen, was ich unter »unentscheidbar« verstehe – als abgeschlossen und endgültig interpretiert hinzustellen versucht, belästigt uns mit der Fiktion eines geschlossenen Raumes, aus dem wir uns keine Überraschungen erwarten dürfen.

Der in Unschuld autobiographische Dichter versucht uns einzusperren.

Anders verhält es sich mit dem *ironischen* Ich-Erzähler, der von Anfang an weiß, daß das, womit er sich beschäftigt, eine Unmöglichkeit ist, und der keinen Augenblick verbirgt, daß das, was er schafft, eine Fiktion, eine ironische Erfindung, ein mehr oder weniger moralisches Artefakt darstellt. Ein *erzähltes* Ich muß immer *erfunden* sein.

Bei einem solchen Ich-Erzähler hat das Wort »ich« bereits eine übertragene, eine sekundäre Bedeutung, die den Erzähler von jeder Verantwortung befreit.

»Und wie heißt dieses Buch?« fragte Don Quijote.

»*Ginés de Pasamontes Lebensbeschreibung*«, antwortete derselbe.

»Ist es denn abgeschlossen?« fragte Don Quijote.

»Wie könnte es abgeschlossen sein«, erwiderte er, »wo doch mein Leben noch nicht beendet ist?«

Der Witz dieser Überlegungen über die Ich-Erzählungen ist, daß Ich-Erzählungen und die Unmöglichkeit, sie mit vollem Ernst auszuführen, auf eine grundlegende Schwierigkeit hinweisen, die mit der sozusagen *fundamentalen* Verwendung des Pronomens »ich« verknüpft ist.

Wir wollen versuchen, ein Ölgemälde zu malen, wobei das Bild unsere eigene Staffelei enthält, so daß das Bild, das wir malen, als einen Teil dessen, was es abbildet, sich selbst enthält! Wir wollen mit anderen Worten ein Bild konstruieren, das eine partielle Abbildung seiner selbst ist.

Wir malen das Zimmer, wir malen die Staffelei, wir malen unsere eigene Hand mit Pinsel und Farbe. Auf der abgebildeten Staffelei befindet sich die abgebildete Leinwand. Unsere Hand ist auf dem Weg zu ihr.

Was wird diese *abgebildete* Leinwand darstellen?

Natürlich das Zimmer, in dem wir malen, in der Mitte des Zimmers eine sehr kleine Staffelei und auf der Staffelei eine winzig kleine Leinwand.

Was wird auf ihr zu sehen sein?

Durch die Serie von Abbildungen läuft ein weißer Punkt ins Zentrum, *das nur abgebildet werden kann, wenn die ganze Serie fertig ist.*

Mache den Punkt beliebig klein, er schleudert trotzdem wie ein Wirbel das System von Abbildungen auf einen Punkt hinunter, wo es *blind* wird, d. h. nicht mehr abbildet.

Das Zimmer kann in diesem System nicht vollständig abgebildet werden. Der Maler kann sich nicht ganz in sein eigenes Bild hineinsetzen.

Ein Mensch kann in sich selbst nicht vollständig abgebildet werden.

Er muß immer ein Rätsel bewahren: es besteht darin, ein Rätsel zu haben, das darin besteht, ein noch lebender Mensch zu sein.

Diese Unmöglichkeit, nicht vollständig in sich selbst abbildbar zu sein, ist eine grundlegende Eigenschaft des Menschen.

Er ist – so ist die Metapher, zu der wir greifen müssen – ein Bild der Welt, in dem ein Fenster dunkel ist.

Ungefähr wie im Beispiel von der Schwierigkeit, ein Ölgemälde in sich selbst vollständig abzubilden, zeigt sich die Schwierigkeit darin, daß jemand, der das Kunststück versuchte, zur Feststellung gezwungen würde, daß es eine Operation gibt, die dann und nur dann ausgeführt werden kann, wenn sie bereits ausgeführt worden ist: nämlich zu zeigen, was das bereits fertige Bild im Bild enthalten wird.

Um zu verstehen, was ein Mensch ist, müßten wir etwas *über* ihn wissen, was man nicht *von* ihm wissen kann, und wir müßten dies mit derselben *Intimität* kennen, mit der wir unser eigenes Innere subjektiv erleben.

Dieser weiße Fleck, der dort ist, wo sich die Unvollständigkeit in einem entscheidbaren, aber unvollständig axiomatisierten System befindet, ist in gewissem Sinn mit unserem Ich identisch. Es ist die Stelle unseres subjektiven Erfahrungsbereichs, die nicht Gegenstand von Erfahrungen sein kann.

»Ich« ist ein sinnloses Wort, wenn man verlangt, daß es etwas bezeichnen soll.

Das Wort steht für den Punkt, an dem das subjektive Bewußtsein leer ist, die Stelle, an der die Welt, subjektiv und phänomenologisch gesehen, endet.

Zu denken, daß etwas diese Leere füllt, d. h. ein Bewußtsein, das unserem Selbstbewußtsein gleicht, dem wir aber kein Rätsel in dem Sinn sind, wie wir uns selbst ein Rätsel sind, bedeutet, den Schritt von einer philosophischen zu einer theologischen Frage zu tun.

Sich ein Bewußtsein zu denken, das im beschriebenen Sinn vollständig ist, heißt, sich Gott zu denken.

2. Die Existenz unlösbarer ethischer Probleme innerhalb eines gegebenen Kontextes

Die Forderung nach *Generalisierbarkeit* von Normen, die nach Immanuel Kant dadurch eingelöst wird, daß man so handeln solle, daß das Prinzip dieses Handelns in ein allgemeines Gesetz verwandelt werden kann, kann als eine Forderung an ethische Erfahrungen verstanden werden, daß sie einen *intersubjektiven* Charakter haben müssen.

Was für den einen gilt oder verpflichtend ist, muß für den anderen ebenso verpflichtend sein.

Die Pflicht beweist, daß die anderen existieren; nicht umgekehrt. Die Forderung nach Generalisierbarkeit hat aber auch eine andere Seite: wenn es eine korrekte Analyse dessen ist, was »ethisch« bedeutet, dann muß es eine Entscheidungsmethode für ethische Konflikte geben.

Ist es aber wirklich ein realistischer Standpunkt, daß alle moralischen Probleme (in allen Zusammenhängen) lösbar sein sollen?

Ein sehr bekanntes Beispiel ist das sogenannte Kapo-Problem.

Während eines Aufenthalts in einem Sklavenlager bekommen wir den Auftrag, zehn Kameraden zur Hinrichtung oder vielleicht für eine Arbeit, die, wie wir wissen, ihren Tod bedeutet, auszuwählen.

Wenn wir uns weigern, diesen Auftrag auszuführen, wird entweder einer unserer Kameraden oder aber der Lagerkommandant an unserer Stelle diese Wahl treffen.

Es wurde nun behauptet (in Schweden z. B. von Ingemar Hedenius), daß das moralische Dilemma, vor das dieses Beispiel den Gefangenen stellt, mit John Stuart Mills' Utilitarismus entschieden werden könne: also mit Maximierung des Nutzens.

Man hat überlegt, daß man die Möglichkeit, die Auswahl selbst zu treffen, der Möglichkeit, den Lagerkommandanten sie treffen zu lassen, vorziehen müsse, da man dann bei der Wahl die Kameraden vorziehen könnte, die trotzdem noch Hoffnung hatten, das Lager zu überleben.

Diesem Analysemodell steht natürlich die bei den meisten Menschen selbstverständliche Einsicht entgegen, daß man sich nie in ein solches Spiel einlassen darf, da der Kommandant ein derartiges Zugeständnis dazu ausnutzen wird, noch schmutzigere Formen der Zusammenarbeit mit ausgewählten Gefangenen einzuführen. Man läßt sich, kurz gesagt, nicht mit jemandem in eine Diskussion ein, der solche Bedingungen stellt, auch wenn es in dem Zusammenhang die Folge haben sollte, daß ein größeres Übel vermieden werden könnte. (In Schweden hat Madelaine Gustafsson in *Utopien och dess skugga* [*Die Utopie und ihr Schatten*] einen solchen Standpunkt am überzeugendsten vertreten.)

Wenn diese Ansicht richtig ist, stellt das Kapo-Problem ein unlösbares moralisches Problem dar.

Indem wir uns weigern, auf die niederträchtigen Bedingungen des Kommandanten einzugehen, verstricken wir uns immer tiefer in dieselben Bedingungen.

Das Problem stellt uns in eine Welt ohne Auswege, in der nie entscheidbar ist, ob eine Handlung besser oder weniger unverzeihlich ist als eine andere.

Wir wollen aber einmal annehmen, daß es ein uns unzugängliches System gibt, in dem scheinbar unentscheidbare Probleme zu entscheiden sind.

Kann ein solches widerspruchsfreies System existieren? Oder ist es widerspruchsvoll und existiert und entscheidet dennoch kraft seiner Widersprüchlichkeit? Kraft dessen, was Françoise Mauriac souverän »l'injustice adorable de Dieu« nennt, Gottes bewunderungswürdige Ungerechtigkeit.

Solche Vorstellungen von einem vollständigen Entscheidungssystem jenseits unseres Begriffshorizonts, in dessen Licht alle Handlungen ihr endgültiges Gewicht erhalten, kommen der Vorstellungswelt in Linnés *Nemesis Divina* sehr nahe.

Wie verhält sich die Vorstellung – man könnte sie vielleicht die Idee einer göttlichen Gerechtigkeit nennen – zu dem christlichen Begriff der Gnade?

Die Gnade ist offensichtlich systemsprengend.

Sie hat – mathematisch gesagt – etwas mit einer *Restzahl* gemeinsam: es gibt keine Funktion, die die Gnade erzeugt. Oder ist vielleicht die Gnade Ausdruck einer uns unsichtbaren Gerechtigkeit?

3. Nietzsches Lehre von der ewigen Wiederkehr als religiöses Paradigma. Nicht analysierbare Werterfahrungen

Die Gnade könnte man also als einen punktuellen oder willkürlichen Wert erklären, der eine Tat oder eine Handlungsweise durchdringt, ohne daß eines von beiden auf ein Wertsystem zurückzuführen ist.

Was von der *Gnade* getroffen wird, ist auf dieselbe Weise auserwählt, wie die Restzahl ausgewählt ist: auf Grund eines uns unzugänglichen, und zwar prinzipiell unzugänglichen Entscheidungsprinzips.

Nietzsches Lehre von *der ewigen Wiederkehr* ist, physikalisch gesehen, ein paradoxer Zug in seiner Philosophie.

Der ganze Gedanke, der von der für das neunzehnte Jahrhundert charakteristischen *mechanistischen* und *reduktionistischen* Betrachtungsweise ausgeht, läßt sich leicht angreifen, solange man ihn als einen Gedanken über die Außenwelt auffaßt.

In einem System mit einer endlichen Anzahl von Komponenten, die unendliche Zeit miteinander operieren, muß, denkt sich Nietzsche wahrscheinlich, jede Konfiguration – z. B. alle Situationen in einem individuellen Menschenleben – wiederkehren.

Dagegen kann man mehrere mathematische Einwände vorbringen (das ist auch geschehen), und aus der neueren biologischen und chemischen Theorie, z. B. Ilya Prigogins Überlegungen zu Autopoiesis in subsoliden Systemen ebenso wie aus der Superkreistheorie für die biologische Evolution, lassen sich sicher Argumente gegen die Wiederholung finden.

Inzwischen kann man den ganzen Gedanken auf eine andere Weise verstehen, nämlich nicht als Theorie der Außenwelt, sondern vielmehr als einen *moralischen Test*:

Wenn jede Situation in deinem Leben, auch die peinlichste oder schmerzlichste, bestimmt wäre wiederzukommen, und nicht einmal, sondern viele Male, wie würdest du dich dann zu deinem Leben verhalten? Bist du auch sozusagen unter *dieser* Bedingung bereit, *ja* zu sagen zu deiner Existenz?

Während der christliche Gedanke der Gnade eine *Bedingungslosigkeit* in die Ethik einführt, scheint Nietzsches Auffassung die *allerstrengste Bedingung* zu stellen: bist du *ohne Einschränkung* bereit, ja zu deiner Existenz zu sagen?

Diese beiden Werterfahrungen, Gottes bewunderungswürdige Ungerechtigkeit in Mauriacs Sinn und Nietzsches Ja zum Leben als Ganzheit, haben gemeinsam, daß sie

a) nicht auf andere Werterfahrungen zurückzuführen sind;
b) keine Aussage für etwas einzelnes ermöglichen, daß dieses einzelne so oder so bewertet werden muß, weil es so oder so beschaffen ist.

Nietzsches Haltung ist eine Haltung dem Leben gegenüber als Ganzheit; sie differenziert nicht; sie hat, bildlich gesprochen, kein Entscheidungsverfahren.

Denn über die Ganzheit, die dieses Werterlebnis umfaßt, wissen wir nichts *einzelnes*, was für die Werterfahrung relevant ist. Oder mit anderen Worten: es gibt keine Möglichkeit, über etwas einzelnes zu sagen, daß es *so oder so beschaffen* sein muß, um Gegenstand der Gnade, der Bejahung zu werden.

Gott, wie Mauriac ihn darstellt, ist ständig bereit, die unvorhersagbare Ausnahme zu machen. Wer in Nietzsches Sinn willens ist, die menschliche Existenz in ihrer Ganzheit zu bejahen, tut dies ohne Ausnahme, aber in gleicher Weise wie Gott: ohne Entscheidungsverfahren.

Das, worüber wir zu sprechen versuchen, erfordert vielleicht einen Namen. Wir wollen vorläufig *nicht analysierbare Werterfahrungen* vorschlagen.

Der Ausdruck »nicht analysierbar« muß dann richtig verstanden werden. In gewisser Hinsicht sind wir gerade dabei, wenn auch aufgrund des extremen Schwierigkeitsgrades des Problems in sehr unvollkommener Weise, sie zu charakterisieren.

Unsere Erfahrung des nicht lösbaren moralischen Problems, der nicht begründbaren Liebe oder eines nicht erläuterten Ja oder Nein zum Leben hat dies gemeinsam, daß sie *nicht aus irgend etwas ableitbar sind*, sich aber auch nicht *zu irgend etwas anderem verallgemeinern lassen.*

Dies meinen wir mit »nicht analysierbar«.

»Nicht analysierbar« kann dann seinerseits (was kein Widerspruch ist) Gegenstand einer Analyse werden.

Ich will zwei mögliche Analysemodelle andeuten.

A. Das Modell mit Primitiven

Daß bestimmte Werterfahrungen nicht weiter analysierbar sind, hat seinen Grund darin, daß sie primitiv in der ursprünglichen Wortbedeutung sind. Wie unser moralisches Begriffssystem aufgebaut ist, lassen sie sich deshalb nicht weiter analysieren, weil auf ihnen das System in seiner Ganzheit aufbaut.

Man kann sagen, daß Kants Analyse des kategorischen Imperativs das Beispiel einer Verwendung eines solchen Analysemodells ist.

Wer fragt: *warum* müssen wir der inneren Aufforderung, die in dem kategorischen Imperativ liegt, gehorchen? zeigt, daß er die Rolle der Idee als *primitiver* oder elementarer Baustein in Kants ethischer Philosophie nicht begriffen hat.

B. Das Unvollständigkeitsmodell

Die fehlende Analysierbarkeit bestimmter Werterfahrungen kann darauf zurückgeführt werden, daß wir an einem Wertsystem beteiligt sind, zu dem wir in einer Weise in Beziehung stehen, daß wir es nicht ganz überblicken können.

Denn es ganz zu überblicken würde bedeuten, Zugang zu unserer eigenen Existenz in gleicher Weise zu haben, wie derjenige, der sein Ich (aufgefaßt als der schwarze Punkt im Zentrum der Persönlichkeit, von dem aus alles gesehen wird) überblicken könnte, der Zugang zu seinem eigenen Rätsel hätte.

Unser Wertsystem, als formalisiertes System gesehen, ist unvollständig, weil wir in ein solches Verhältnis zu ihm gesetzt sind, daß es unvollständig sein muß.

Dieses Analysemodell – und nicht Kants – ist das religiöse Analysemodell.

Denn es schließt mit ein, daß es *eine Ordnung jenseits des Menschen gibt.*

4. Martin Bubers Persönlichkeitsphilosophie als Beispiel

In Martin Bubers Philosophie, wie sie in *Ich und Du* (1923) entwickelt wird, gibt es eine zentrale Theorie über Beziehungen (z. B. Liebe) zwischen Menschen, die zur Konsequenz hat, daß die Wörter »ich« und »du« systematisch vieldeutig sind.

Wenn »ich« einen anderen Menschen unter einem gegenständlichen Aspekt sehe, liebe, hasse, ausnütze oder beglücke, d. h. wenn ich etwas mit ihm mache, *weil er auf die eine oder andere Weise beschaffen ist*, bedeutet das Wort »ich«, auf mich selbst angewendet, *eine* Sache.

Wenn ich mich dagegen als Ganzheit, mit meinem ganzen Wesen zu einem anderen Menschen in Beziehung setze, d. h. *mich ihm gegenüber so verhalte, wie ich mich mir selbst gegenüber verhalte*, bedeuten die Wörter »ich« und »du« etwas ganz anderes.

In dieser anderen Konnotation werden »ich« und »du« Zeichen für Begriffe, die in genau der Weise rätselhaft sind, wie das eigene Ich rätselhaft wird, wenn wir es zu einem Gegenstand der Beobachtung machen wollen:

» – Was erfährt man also vom Du?
– Eben nichts. Denn man erfährt es nicht.
– Was weiß man also vom Du?
– Nur alles. Denn man weiß von ihm nichts Einzelnes mehr.«

(Ich und Du)

In der Buberschen Du-Beziehung ist ein Mensch als Totalität zu einem anderen Menschen als Totalität in Beziehung gesetzt.

Und diese Beziehung ist mit einer anderen Art des Kennens verknüpft, bei dem man nicht etwas einzelnes von seinem Gegenpol weiß, sondern nur die Totalität kennt.

Wie meint Buber dies?

Eine geeignete Erklärung ist, sich so etwas wie die allgemeine Erfahrung vorzustellen, bei Bewußtsein zu sein; sie ist nicht mit einem einzelnen Teil unseres psychischen Inneren, sondern mit dem Erleben in seiner Ganzheit verknüpft.

Und dieses Wissen, bei Bewußtsein zu sein, ist nicht dasselbe wie das Wissen über die einzelnen Momente im Inhalt des Bewußtseins.

In der Buberschen Du-Beziehung ist, kurz gesagt, das Erleben eines anderen Menschen ein *unerschöpfliches* Phänomen.

Eine Philosophie wie diese muß natürlich über ein ganzes Feld sozialer Beziehungen eine ganz andere Erklärung der Wirklichkeit geben als eine Philosophie, in der man Beziehungen zwischen Menschen als *deskriptiv unerschöpflich* betrachtet.

Die Erfahrung, wie verschiedene utopische Vorstellungen, angewendet in der realen Organisation von Gesellschaften, diese nicht menschlicher machen, sondern einen Rückfall in ständig zunehmende Unmenschlichkeit verursacht, gehört zu den allerbittersten und lähmendsten Erfahrungen unserer Zeit.

Die Frage liegt verlockend nahe, ob nicht gerade eine Auffassung von der Entleerbarkeit menschlicher Beziehungen eine entscheidende Rolle für die Vorstellung spielte, daß Gesellschaften etwas sind, das man endgültig ordnen, säubern, reinigen oder vom Chaos befreien kann, das immer wie ein Bodensatz unerforschter destruktiver und kreativer Impulse jede Ordnung dieser Art bedroht.

Wenn die Bubersche Theorie der Persönlichkeit wahr ist, wird keine Gesellschaft jemals in dem Maß geordnet werden können, daß Sicherheit oder Unsicherheit, Glück oder Unglück garantiert sind.

Denn die Unausschöpflichkeit eines lebendigen Menschen muß jeden Versuch einer solchen Ordnung im voraus zu einer quälenden und zugleich widersinnigen Illusion machen.

Die wesentlichen Prozesse sind nicht in sozialen, sondern in existentiellen Kategorien beschreibbar, denn ebenso wenig wie jemand – in einer solchen Betrachtungsweise – die Bedeutung des Menschseins in seiner Ganzheit kennen kann, kann jemand die geheimen Bedeutungen, die jedes Leben *auch* birgt, kennen.

Aber das ist nicht mehr Philosophie, sondern Religion.

Über die Liebe zu Fragmenten

Bei dem Wort »Fragment« denken die meisten gebildeten Menschen sicherlich an kurze, plötzlich anfangende und plötzlich aufhörende Texte, wie wir sie etwa in Hermann Diels' *Fragmente der Vorsokratiker* finden. Autoren, die nur als Zitate bei anderen Autoren auf uns gekommen sind.

In der Wüstenlandschaft nördlich vom Rio Grande, dort, wo der Fluß einen mächtigen Bogen nach Norden macht und wo die Gegend Big Bend Territory genannt wird, kenne ich eine kleine Hochebene, die mit Millionen von Steinscherben übersät ist. Es ist ein außerordentlich öder, sehr melancholischer Ort. Über hohen rötlichen vulkanischen Bergen schweben Truthahngeier wie große dunkle Tücher. Im Westen verschwindet zum Horizont eine längst hinfällig gewordene Telefonleitung, die einmal in Verbindung mit den Quecksilberwerken in Terlingua stand, jetzt eine der vielen Geisterstädte der Gegend.

Hier habe ich einmal etwas gedankenlos eine Steinscherbe in die Hand genommen, in die Tasche gesteckt und sie auf meiner Wanderung mitgetragen. Als ich sie ein paar Monate später einem Experten an der University of Texas zeigte, sagte der sogleich: »Aha, Sie haben also eine paläolithische Pfeilspitze gefunden. Die sind dort gar nicht selten. Es hat ja immer eine Wanderung von der mexikanischen Hochebene nördlich über die Mesas gegeben.«

Diese Episode, die sicherlich Roger Caillois amüsiert hätte, scheint mir lehrreich. Aus zwei Gründen. Erstens hatte ich unter Millionen von Scherben diejenige gefunden, die einmal ein paläolithischer amerikanischer Jäger verloren hatte. So zieht, stelle ich mir vor, das Menschliche immer das Menschliche an.

Zweitens wurde mir klar, wie ein Fragment entsteht. Nicht durch eine Veränderung in der Steinscherbe, die in meiner Hand immer dieselbe geblieben war, sondern durch den Zusammenhang, in dem sie jetzt gedeutet wurde.

Fragment sein heißt Teil eines größeren Zusammenhangs sein. Aber das Fragmentarische selbst kann nie beweisen, daß es diesen größeren Zusammenhang wirklich gibt. Dadurch entsteht eine grundlegende Unsicherheit, die für Fragmente charakteristisch ist.

Ein Heraklitisches Fragment (bei Diels Nr. 26) lautet zum Beispiel:

»Der Mensch zündet sich in der Nacht ein Licht an, wenn er gestorben ist und doch lebt. Er berührt den Toten im Schlummer, wenn sein Augenlicht erloschen: im Wachen berührt er den Schlummernden.«

Hat es so etwas wie Heraklits Buch gegeben? 1903, als Diels seine Anthologie veröffentlichte, war das Fragment Mode; Philosophen wie Nietzsche und Paul Rée exzellierten in scherbenartig formulierten Gedanken, Schopenhauer hatte erst wenige Jahre davor seine *Parerga und Paralipomena* herausgebracht.

Diels störte es wenig, daß die Fragmente auch Fragmente blieben. Anders als moderne Kommentatoren wie Charles Kahn, die mit dem Gedanken spielen, vielleicht könnte noch der Kirchenvater Porphyrios Heraklits Buch in den Händen gehabt haben, war Diels mit dem Fragmentarischen der Fragmente im Grunde zufrieden. Im Vorwort zu seiner Fragmentensammlung erklärt er, warum er die Fragmente nach der alphabetischen Reihenfolge der zitierenden Autoren angeordnet hat, statt den Versuch zu machen, aus den Fragmenten einen Gedankengang zu rekonstruieren:

»Was hilft es, in dem gewaltigen Haufen der Aphorismen Heraklits oder Demokrits hier und da einen wirklichen oder vermeintlichen Zusammenhang zu finden, wo man doch der weit überwiegenden Mehrzahl gegenüber ratlos bleibt.«

Diese Ratlosigkeit von Diels ist genau das, was mich interessiert.

Nehmen wir an, wir fänden, sagen wir: im Schreibtisch eines Verstorbenen, vier Kapitel eines Romanmanuskripts, bei dem es offenbar um eine spannende Agentengeschichte geht; wo im ersten Kapitel der Präsident eines Internationalen Schachverbandes in einem Schlafwagen von Stockholm nach Paris ermordet wird und wo, nach allerlei Verwicklungen, im vierten Kapitel die Handlung plötzlich aufhört, mitten in einer spannenden Agentenjagd bei Novembernebel im Teufelsmoor nordwestlich von Bremen. Alle reiten auf Pferden.

Seufzend wägen wir dieses Fragment in der Hand und überlegen uns verschiedene Ausgänge, die uns alle mehr oder minder wahrscheinlich vorkommen. Wenn wir das nächste Kapitel hätten, würde sich dann herausstellen, daß der merkwürdige Reiter im Moornebel derselbe Herr ist, der in der *Bibliothèque Nationale* versucht hat, uns auf einem Zettel eine Warnung zuzuschieben? Wahrscheinlich. Es könnte aber auch sein, daß der Reiter, den unser Held jetzt über das Moor verfolgt, der Mörder des Präsidenten des Internationalen Schachverbandes ist. Solange wir die Fortsetzung nicht haben, bleibt alles offen, das Fragment bleibt Fragment, und wir bleiben im Sinne von Diels ratlos.

Eine Möglichkeit wäre natürlich, daß wir in einer anderen Schublade desselben Schreibtischs fünf weitere Kapitel finden und daß der erste Satz, auf den wir stoßen, wenn wir voll Eifer und Neugier den neuen Manuskriptpacken öffnen, etwa folgendermaßen lautet:

»So waren die ersten vier Kapitel des schlechten Agentenromans, an dem der fünfundsiebzigjährige Lyriker, Akademiesekretär und Essayist Hans Larsson nachmittags hinter verschlossenen Türen schrieb, um seine Frau davon zu überzeugen, daß er noch fähig sei, ein großes Gedicht zustandezubringen.«

Ein solcher Satz würde natürlich unsere ganze Haltung zu dem schon bekannten Text verändern. Aus dem zufälligen Fragment würde ein *ewiges* Fragment, der Fragmentcharakter des Fragments würde sozusagen endgültig bestätigt werden. Und man kann sich auch vorstellen, daß ein solcher Satz, der alles Vorhergehende zur Fiktion macht, in demselben Manuskript häufig vorkommt. Ein solcher *Fiktionsoperator* hat immer dieselbe Wirkung: das schon Gesagte wird für immer zur zweifelhaften Existenz des Fragments verurteilt, und der Leser wird für immer in der Ratlosigkeit bleiben.

So finden wir vielleicht in einer dritten Schublade desselben Schreibtischs fünf weitere Kapitel, von denen das elfte mit dem ominösen Satz beginnt:

»So waren die ersten zehn Kapitel des genialen Experimentalromans, an dem der hochbegabte zwölfjährige Christofer Lundberg Sonntag nachmittags nach dem Fußballspielen in der Küche seiner Mutter im trostlosen Vorstadtviertel Tensta schrieb.«

Solche Brüche in einem Diskurs haben denselben Charakter wie ein *Erwachen*, bei dem das gerade Erlebte zu *Traum* wird. Die Verwandlung von offenem Kontext in ewiges Fragment ist genau dieselbe, welche die Gültigkeit des immer anwesenden Bewußtseinsstroms in die fragmentarische Ungültigkeit des Traums verwandelt.

In der klassischen französischen Literatur gibt es eine hochgradige Empfindlichkeit für das Problem, das sich aus dem Fragmentarischen ergibt. René Descartes hat es mit außerordentlicher Klarheit behandelt, vor allem in seinem *Discours de la Méthode*.

Hinter dieser »Methode«, die uns nie ganz klar formuliert wird, steckt immer der Verdacht, daß vielleicht das einzige, das wirklich ständig in unserer Macht bleibt, unsere Gedanken sind.

So gesehen, wird die Suche nach Sicherheit im *Discours* . . . eine Suche nach etwas, das so bleibt, wie es ist, auch wenn es ein Erwachen gibt. Mit anderen Worten: Das so oft mißverstandene *Cogito* ist dasjenige, das nicht mehr zu Fragment verwandelt werden kann, etwas, das durch alle Wendungen des Fiktionsoperators dasselbe bleibt, etwa wie in einem Möbiusband eine Fläche, die anfangs nach oben verlief, dieselbe bleibt, auch wenn sie unten weitergeht. Das Traumargument des *Discours* . . ., also der schon aus der klassischen taoistischen Philosophie bekannte Gedanke, daß es durchaus möglich ist, sich jedes Erlebnis als Traum zu denken, ohne daß irgend etwas im Erlebten sich verändern muß, ist der unmittelbare Grund für das *Cogito:*

»Endlich erwog ich, daß uns genau die gleichen Vorstellungen, die wir im Wachen haben, auch im Schlafe kommen können, ohne daß in diesem Falle eine davon wahr wäre, und entschloß mich daher zu der Fiktion, daß nichts, was mir jemals in den Kopf gekommen, wahrer wäre als die Trugbilder meiner Träume. Alsbald aber fiel mir auf, daß, während ich auf diese Weise zu denken versuchte, alles sei falsch, doch notwendig ich, der es dachte, etwas sei. Und indem ich erkannte, daß diese Wahrheit:

›ich denke, also bin ich‹ so fest und sicher ist, daß die ausgefallensten Unterstellungen der Skeptiker sie nicht zu erschüttern vermöchten, so entschied ich, daß ich sie ohne Bedenken als ersten Grundsatz der Philosophie, die ich suchte, ansetzen könne.«*

Das denkende »Ich« ist nicht Fragment.

Dafür wird ein Preis gezahlt. Dieses Ich befiehlt vielleicht über nichts anderes als über unsere Gedanken, wie es in der dritten Maxime desselben Buches heißt.

Fassen wir zusammen: Fragment kann alles werden, bei dem ein Erwachen möglich ist. Und eine *Garantie gegen das Erwachen*, das unser Leben fragmentarisieren kann, haben wir nur, wenn wir das Leben auf das nackte Ich reduzieren.

Nur was punktuell ist, kann allen Zerreißproben, Verwerfungen und Zerteilungen der Fläche entgehen.

Wir sind bei den Wurzeln der Moderne, bei der Subjektivität im modernen Sinne.

Der Verdacht, daß wir vielleicht nie mit etwas anderem als mit unseren Begriffen umgehen, begegnet uns in der klassischen Epoche überraschend oft.

So schreibt beispielsweise am 30. April 1662 der erst dreiundzwanzigjährige Jean Racine in einem Brief an den Abbé le Vasseur, er habe kürzlich ein lustiges kleines Abenteuer erlebt. Er hat bisweilen in der Kirche eine Dame beobachtet. Sie hat eine schöne Figur. Er ist nie näher als auf fünf oder sechs Schritte an sie herangekommen, hat sie aber immer mit unbestimmten zärtlichen Gefühlen betrachtet. Ihre Haut ist weiß, ihre Augen sind groß und dunkel.

Endlich entschließt er sich dazu, der Dame etwas näherzutreten oder, mit Racines eigenen Worten:

»Enfin je voulus voir si je n'étais pas trompé dans l'idée que j'avais d'elle, et j'en trouvai l'occasion fort honnête.«

Er fängt also an, mit der Schönen zu reden; die Dame antwor-

* Zitiert nach: René Descartes, *Discours de la Méthode*. Von der Methode des richtigen Vernunftgebrauchs und der wissenschaftlichen Forschung. Übersetzt und herausgegeben von Lüder Gäbe. Hamburg 1960.

tet ihm höflich, aber mitten im Reden bedauert er schon, daß er sie überhaupt angesprochen hat. Aus der Nähe sieht die Dame ganz anders aus. Ihr Gesicht, obwohl noch schön, ist mit winzigen kleinen Sommersprossen übersät. Sie hat blaue Schatten unter den Augen. Vielleicht ist sie nicht ganz gesund?

»Enfin je fus bien aise de cette rencontre.«

Das Zentrum dieser Begegnung – die ich übrigens, leicht modernisiert, in meinen Roman »Der Tod eines Bienenzüchters« übernommen habe – ist zweifellos der merkwürdige Satz: »Enfin je voulus voir si je n'étais pas trompé dans l'idée que j'avais d'elle, et j'en trouvai l'occasion fort honnête.«

Racine stellt die Frage nach dem Objekt mit einer ironischen Distanz, die vielleicht nur desto deutlicher verrät, wie stark ihn die Episode berührt hat. Worein verlieben wir uns, wenn wir uns in etwas verlieben? In das Objekt, das uns in seiner Tiefe doch immer unbekannt bleiben muß? Oder in unseren Begriff von dem Objekt, der uns nur allzugut bekannt ist?

Racines Episode, wie auch Descartes' Diskussion einige Jahre davor, handelt vom Erwachen – bei Descartes aus dem Traum, bei Racine aus der Verliebtheit auf Abstand. So wie das nächtliche Erwachen unseren Traum zum *Fragment* erstarren macht und nur das leere Ich nackt und einsam wie bei der Erschaffung Adams läßt, so läßt die Begegnung, das Erwachen aus dem erotischen Tagtraum, in Racines Erzählung das ganze zarte Gefühl zum Fragment erstarren.

Wir wissen nicht mehr, von welchem Zusammenhang es einen Teil ausmacht; nicht mehr, wie es gedeutet werden soll, genau wie das 26. Fragment des Heraklit.

Was hier anfängt, ist nicht nur eine Ästhetik, sondern auch eine Freiheitslehre, die ihre wohl späteste Formulierung in der Philosophie Jean-Paul Sartres bekommen sollte.

L'Etre pour soi, die Existenz von außen gesehen, ist unfrei, kausal gebunden. *L'Etre en soi* schwebt, wie die Vögel schweben – in unbegrenzter Freiheit, zu wählen oder wegzuwählen, was von außen aufgezwungen wird.

Das nackte Ich des Descartes, das sich, ähnlich der Weltvernunft oder dem *nous* des Anaxagoras, mit nichts anderem vermischt, kombiniert mit Husserls Phänomenologie und Bergsons *élan vital*, macht diese moderne Form des Luthertums, Jean-Paul Sartres Lehre von der Willensfreiheit, möglich.

Dagegen könnte man vielleicht einwenden, daß nur freie Menschen einen freien Willen haben.

Wenn das nackte Ich die Stelle ist, wo unsere Welt immer heil und ganz bleibt und nicht mehr auf das Fragmentarische reduziert werden kann, dann liegt es natürlich nahe, zu fragen, worin dieses Ich eigentlich besteht.

Darüber haben die Philosophen sich verschieden geäußert. Eine mögliche Antwort wäre vielleicht der Schmerz. In meinem Roman »Der Tod eines Bienenzüchters« habe ich versucht, diesen Gedanken ein wenig zu konkretisieren.

Der Schmerz ist wie der Zweifel des Descartes weltfüllend. Der Schmerz wird nie langweilig. Der Schmerz wird nie fragmentarisch. Der Schmerz füllt die ganze Welt und macht die Welt verschwinden.

Wenn ich den Versuch mache, mir das nackte Ich des Descartes vorzustellen, dann ist Schmerz das einzige, was mir einfällt. Der Schmerz und etwas, das den Schmerz negieren will. Es tut weh, also bin ich.

Kehren wir zu den Fragmenten zurück.

In der Sammlung von Diels wird dem Philosophen Heraklit also folgendes Wort zugeschrieben:

> Der Mensch zündet sich in der Nacht ein Licht an, wenn er gestorben ist und doch lebt. Er berührt den Toten im Schlummer, wenn sein Augenlicht erloschen: im Wachen berührt er den Schlummernden.

Schön und rätselhaft klingen diese Worte aus einem verlorenen Text. Wir wissen nicht, was ihnen einmal vorausgegangen ist, wissen auch nicht, wie der nächste Satz lautet.

In dieser Hinsicht sind wir frei. Niemand, höchstens ein paar Experten in Cambridge und Berlin, wird uns verübeln, wenn wir Anfang und Fortsetzung selber erfinden.

Aber die Fragmente, mit ihrer Kürze, machen es plötzlich

sichtbar. Wie die textorientierte französische Kritik oft betont hat, kann jede Literatur als eine Begegnungsstelle angesehen werden, als die Stelle, wo zwei Texte einander überlappen. Auch wir sind Texte, gespickt mit den unzähligen Zitaten der anderen, die wir nie sein und also auch nie anders als nur fragmentarisch verstehen werden.

Heraklits dunkle Worte (die auch verschieden übersetzt werden können) handeln von Grenzen, Brüchen, Schnittflächen. Der Schlafende ist zugleich lebendig und tot. Der Schlafende berührt den Toten. Derjenige, der noch wach ist, berührt den Schlafenden. Ist es ganz undenkbar, daß vielleicht der nächste Satz von der Transitivität dieser Beziehung handelt? *Also* berührt der Mensch auch im Wachen seinen eigenen Tod. Und also bilden Leben, Schlaf und Tod eine geheimnisvolle Kette. Das ist ein schöner, ein fast tröstlicher Gedanke – tröstlich zumindest für den noch Lebenden.

Interessanter freilich ist das *Berühren*. Was enthalten die Grenzzonen des Lebens zwischen Wachen und Schlaf, zwischen Schlaf und Tod? Was bedeutet hier »haptetai« oder »antasten«?

Der Schlaf hat mit dem Wachleben einen Bezirk gemein: das ist für uns seit Sigmund Freud eine Binsenwahrheit geworden. Aber was hat das Leben mit dem Tod gemein? Den kleinen eiskalten Punkt in uns, der auch am schönsten Tag des Sommers irgendwie ein Nein zu jeder Empfindung sagen will? Der Schmerz wird nie langweilig.

Wie in einer Art von vulgären musikalischen Potpourris, wo das Ende einer Melodie zugleich der Anfang einer anderen ist, hängen die Textfragmente, die unser Leben, unsere Gespräche darstellen, aneinander. Faszinierend bleibt die Grenzzone, die Stelle, wo eine Sache zugleich eines und etwas anderes ist. Der Traum. Das Gedicht.

Neulich, beim Spaziergang auf dem Campus einer mir befreundeten Universität, traf ich einen alten Professor, den ich sehr lange nicht gesehen hatte. Einen Augenblick suchte ich nach seinem Namen. Heißt er vielleicht Schultz-Behrendz? Nein, Schultz-Behrendz ist es nicht. Wer ist es dann? Der Mann, der *nicht* Schultz-Behrendz ist, natürlich.

Wer also ist das, *der Mann, der nicht Schultz-Behrendz ist?*

Ein bestimmter Mann oder ein nicht bestimmter? Jedermann oder keiner?

Es wandert, so scheint mir, gar mancher Nicht-Schultz-Behrendz in der Welt herum, und obwohl sie alle gespensterhaft sind, würden sie uns wenig Unruhe bereiten, schwante uns nicht, daß wir selber ein wenig *Nicht* in uns haben.

Dieser Andere, dessen Namen man nur durch Negation des eigenen Namens konstruieren kann, dieser Unerreichbare hinter dem Spiegel hat etwas mit dem Toten zu tun, den wir im Schlaf berühren. Jeder Mensch hat das Recht, sich selbst »ich« zu nennen. Nur ein Mensch hat dieses Recht, derjenige nämlich, der das rätselhafte kleine Wort im Augenblick benutzt und gebraucht.

Ist also auch das Wort »ich« ein Fragment, das zu jedem beliebigen Text geführt werden kann?

Es gibt, scheint mir, ein Einsamkeitserlebnis, das damit zusammenhängt, daß niemand ein anderer Mensch werden kann – etwa so, wie die Malerin G. in meinem Roman »Sigismund« davon träumt, und wäre es nur für einen einzigen Tag, ein anderer Mensch zu werden, um endlich herauszubekommen, was in der menschlichen Existenz Zufall und was unvermeidlich ist.

Und es gibt auch das Negativ zu diesem Erlebnis, daß nämlich eigentlich niemand ein bestimmter Mensch ist, daß also das kleine Wort »ich« wie ein Weberschiffchen durch ein Fach geht.

»In Wirklichkeit bist du niemand«, sagt der schwedische Lyriker Gunnar Ekelöf.

Ich weiß nicht, welcher Gedanke am erschreckendsten ist: daß wir nie ein anderer Mensch werden können, oder daß jeder beliebige Mensch genau dieselben Gefühle, dieselben Wahrnehmungen gehabt hätte wie ich in diesem Augenblick, wäre er nur in denselben Zusammenhang gestellt wie ich.

Brauchten wir nicht, um unsere Position in diesem Labyrinth feststellen zu können, um gewissermaßen zu sehen, zu welchem Text das Fragment unseres Lebens gehört, immer einen größeren Kontext? Abwesende Struktur im Sinne Umberto Ecos, Gott im

Sinne der jüdischen Mystiker von Hochmittelalter und Renaissance.

Sonderbare Fragen, fremd vielleicht für einige, für andere vertraut wie Kopfweh. Das Negativ eines Fragments wäre vielleicht ein Text, in dem es irgendwo eine Lücke gibt. In allen Richtungen umschließt der Text diese Lücke. Und die Lücke, die Lakune selbst, kann natürlich lang oder kurz sein: wie lang oder kurz, das können wir vielleicht nicht unmittelbar auf Grund des Kontexts entscheiden. Denken wir uns die Lücke unendlich groß, so entsteht etwas, das eine Ähnlichkeit hat mit der Beziehung zwischen zwei Menschen, ein Abgrund, den die Rede auszufüllen versucht, aber nie ausfüllen wird.

Denken wir uns die Lücke unendlich klein, wie ein Differential, so haben wir etwas, das mehr an die Situation des Ich im gewaltigen Text des eigenen Lebens erinnert. Ein unendlich kurzes Wort, das gefunden und gesagt werden muß, das uns aber bis ans Lebensende immer fehlen wird.

Schmerz wird nie langweilig.

Deutsch von Hanns Grössel

Ästhetik um 1900

1. Das Mädchen im grünen Kleid und Davidsons Augen

Jemand sagte neulich zu mir, daß die meisten Menschen unserer Generation noch immer die etwas vage Idee aus ihrer Schulzeit haben, wir befänden uns in der Mitte des Jahrhunderts. Das trifft aber überhaupt nicht zu. Jetzt ist 1984, also nur sechzehn Jahre von einer neuen Jahrhundertwende entfernt. Wie sie im Vergleich mit der Welt, die um 1900 bestand und die wir niemals wiederfinden werden, aussehen wird, weiß niemand. Aber in der fundamentalen Unsicherheit vor der Zukunft, der Erfahrung der Vieldeutigkeit in der technologischen und industriellen Entwicklung, im Kampf zwischen neuen und bereits überholten Lebensformen besitzt das intellektuelle Milieu um 1900 sonderbarerweise eine Reihe von Zügen, die es nicht ganz unmöglich machen, sich in ihm wiederzuerkennen.

1898 kommt Rainer Maria Rilke zum erstenmal in die Künstlerkolonie Worpswede in der Moorlandschaft nordwestlich von Bremen. Bereits in der großen Ausstellung in der Bremer Kunsthalle im Jahr 1895 haben Maler wie Fritz Mackensen und Heinrich Vogeler den Ort berühmt gemacht. Sie malen die schlanken Birken, die Wasserstraße durch die tiefgrüne Moorlandschaft an einem Sommertag, Weyerberg, das durch den Wärmedunst des Hochsommertages schwach hindurchscheint, die Armut in den kleinen Hütten der Torfstecher, die großen, leuchtenden Gewitter, die über das Moor kommen und gehen. Hierher kommt Rilke nach seiner russischen Reise, und hier glaubt er etwas von der kindlichen Unschuld, der Nähe zu Gott und Tier wiederzufinden, die er, zu Recht oder Unrecht, bei den russischen Bauern zu erkennen glaubte, die er einige Jahre zuvor zusammen mit Lou Andreas-Salomé besuchte.

Es ist die Zeit der Künstlerkolonien. Barbizon und Meudon, in England und in Schottland, von der Flußbiegung der Seine bei Pontoise bis zu der großen Moorlandschaft zwischen Bremen und Meer, die noch in der Mitte des 19. Jahrhunderts eine der wenigen erhaltenen Ödlandschaften Europas war und zur Hälfte von besitzlosen Landarbeitern auf Königlich-Niedersächsische Initiative hin zwangskolonisiert wurde, überall brechen sie wie Pilze aus der Erde. Nun ziehen die Maler hinaus, lassen sich in Luft und Licht nieder und studieren Wasser und Wind. Aber nie weiter von den großen Städten entfernt, als daß man sich bequem zu Kunsthändlern und Theatern begeben konnte. Von Pontoise zur Gare du Nord kam man auch zu Pissarros Zeit mit dem Zug in einer halben Stunde, und von Worpswede nach Bremen gehen jetzt, zur Jahrhundertwende, Torfeisenbahn und Dampfer.

Am 1. Oktober 1900 kommt der Maler Mackensen mit seinem Bruder überraschend zu Rilke zu Besuch. Der Dichter schreibt in seinem Tagebuch:

Die Erde, die dem Menschen zu groß ist, die unter seinem Wandern in die Himmel wächst und über Tage und Nächte hinaus und die jenseits der Meere immer wieder beginnt und wächst, diese biblische fremde Erde, die Erde, die Gott noch in der Hand hält und die deshalb ohne Anfang und Absehen ist. Sehr dunkel und stumpf stand die Heide da, sanft wie japanische Seide das schüttere Gras, metallisch rot das gemähte Buchweizenfeld, dunkel und schwer das umgeackerte Land. Breit war der Wind. Und vor alle Farben stellten sich die hellen Kleider und die weißen Bewegungen der Mädchen, und einmal stand Clara Westhoffs licht schilfgrüne Schlankheit vor Landschaft und umgeben von grau dämmernder Luft, so unsagbar rein und groß, daß wir alle vereinsamten und jeder ganz ergriffen war und hingegeben an reines Schauen. Ich konnte mich kaum mehr zu den anderen zurückfinden, so sehr hatte mich dieser Eindruck aus allen Zusammenhängen gehoben, hatte mich von den Menschen fort unter die Dinge gestellt, die einander stumm erdulden.

Das ist nicht nur ein Stück sehr schöner Worpswedemalerei in Worten. Es ist auch eine Passage, die viel über die Stimmungen der Jahrhundertwende aussagt. Hier gibt es eine lichte Wehmut, die wir natürlich von Prinz Eugens *Molnet* (*Die Wolke*) oder von Gedichten Ola Hanssons und Ekelunds kennen.

Noch interessanter ist, was diese Passage darüber sagt, wovon sie überhaupt nicht handelt, nämlich über den technologischen und industriellen Kontext, dessen Negation sie bildet. Das Land, das sich breit und mächtiger als der Mensch bis an den Horizont erstreckt, trägt, soweit wir sehen können, kein Gebäude, noch weniger Eisenbahnzüge, die in der Dämmerung vorbeifahren, oder Fabrikschornsteine, die rauchen. Diese Landschaft *steht still*, und die schlanke Gestalt der jungen Bildhauerin Clara Westhoff in Grün (sie sollte kurz darauf Rilkes Ehefrau werden) faßt den Stillstand dieser ganzen Landschaft zusammen.

Dies ist die Zeit, in der, um mit J.H. Buckley (*The Triumph of Time*, Cambridge/Mass. 1967) zu sprechen, *die Zeit triumphiert.*

Wir wollen jetzt etwas tun, was einige Leser als eine halsbrecherische Zusammenstellung ansehen werden, eine Zusammenstellung von Rilkes schöner Tagebuchaufzeichnung und etwas, das äußerlich betrachtet nicht viel damit zu tun haben dürfte, nämlich eine Stelle aus H. G. Wells zu diesem Zeitpunkt ungeheuer populärem Roman *Die Zeitmaschine*, der im selben Jahr 1895 erschien, in dem der triumphale Durchbruch der Worpsweder Maler erfolgte.

Es ist die Stelle, an der der Zeitreisende so weit in die Zeit reist, wie er kommen kann, zu der äußersten Dämmerung, wo der unbewegliche Entropilage gerade endgültig einen immer kälteren, immer unbewohnbareren Planeten übernimmt und ein für allemal jeden Fortschritt ungültig macht. Zu diesem letzten Ufer gelangt der Zeitreisende in einer Art panischer Flucht, nachdem er mit Mühe und Not seine lebensgefährlichen und erschütternden Abenteuer in einer Zeit überstanden hat, in der sich die Oberklasse in ein Volk gebrechlicher, dummer Parasiten und die Unterklasse zu erschreckenden unterirdischen Spukwesen verwandelt haben, die zur Nachtzeit aus den Menschenhöhlen ihrer kloakenartigen Maschinenhallen emporklettern, um eine grausame kannibalische Jagd auf ihre früheren Herren zu unternehmen. An diesem äußersten Ufer sind, genau wie in Rilkes Tagebuchfragment, die Dinge hingestellt, um »in Stummheit« einander zu ertragen:

Ich machte sehr vorsichtig halt, setzte mich auf die Zeitmaschine und blickte mich um. Der Himmel war nicht mehr blau. Im Nordwesten war er schwarz wie Tinte, und aus dem Dunkel leuchteten gleichmäßig und klar die bleichen weißen Sterne. Im Zenith war es tief indischrot und sternlos, und gegen Südost wurde es heller bis zu einem glühenden Purpur, wo, abgeschnitten vom Horizont, der ungeheure Körper rot und still dalag. [. . .] Die Maschine stand auf einem abschüssigen Ufer. Das Meer erstreckte sich nach Südwesten, um sich in einem scharfen, hellen Horizont gegen den trüben Himmel zu erheben. Es gab keine Brandung und keine Wellen, denn nicht einmal ein Windhauch rührte sich. Nur eine leichte ölige Dünung stieg und fiel wie stilles Atmen und zeigte, daß sich das ewige Meer noch bewegte und lebte.

Es wirkt wie ein Idyll, ist es aber wahrlich nicht. (Im nächsten Augenblick sollte es sich zeigen, daß das äußerste Ufer von einigen riesengroßen Krabbentieren, Protazeen, bevölkert ist, die auch mit Zeitreisenden vorliebnehmen.) Was wir sehen, ist nicht nur ein Zustand, in dem die Sonne stillsteht. Es ist der Beginn des von Lord Kelvin vorausgesagten *Wärmetods*, der die gesamte zivilisatorische Entwicklung in eine Art Sackgasse verwandelt.

Wells ist interessant mit seinen Angstphantasien, seinen Doppelgängermotiven und seiner souveränen Art, die Schatten und Zaubermärchen aus den *gothic tales* der Zeit mit dem sachlichen Klirren der Glasflaschen und Reagenzgläser und den trivialen Lichtreflexen im Messingmikroskop von South Kensington zu kombinieren. Er schafft in einigen hektischen Jahren um 1895 die wesentlichen Elemente dessen, was wir heute *Science Fiction* nennen. Er ist ein Baudelaire der Sachprosa, der Neunmalklugheit, der Gehilfenseelen. Und was er sagt, ist unter der Oberfläche sonderbarerweise dem *nicht ganz* unähnlich, was Baudelaire eine Generation früher gesagt hatte.

Beiden gemeinsam ist die Erkenntnis, daß die neue Großstadtkultur die Grundvoraussetzungen für Ästhetik, Wahrnehmung, Optimismus und Pessimismus gewaltsam verändert hat. Man kann sich fragen, ob es eigentlich bei diesem bemerkenswerten Engländer mehr als ein Thema gibt: die wissenschaftliche und industrielle Entwicklung. Um dieses webt er ein Spinnennetz von Spekulationen, wo immer das Zittern einer unsichtbaren Riesenspinne sich durch das Netz fortzupflanzen scheint. Wird es sich erweisen, daß der Fortschritt einen Eigenwert besitzt oder wird er wie ein Kartenhaus zusammenfallen?

Die bittere Erkenntnis des Konflikts tritt in den unzähligen Wellsromanen, die dieses Thema behandeln, auf zweierlei Weise hervor. Entweder wie in *Der Krieg der Welten*: Eine Gesellschaft wird auf eine Probe gestellt, die die Festigkeit ihrer tiefsten Grundlagen enthüllt, durch eine apokalyptische Heimsuchung, eine Katastrophe von der Art, wie die Propheten der Bibel sie vorauszusagen pflegen.

Oder auch ganz still, durch die wehmütige Erkenntnis, daß die Natur auf die Dauer am stärksten ist, daß der Sonnenuntergang über den Sonnenaufgang siegen wird und daß jede Landschaft einmal wieder ebenso frei von Eisenbahnen und Hochöfen sein wird wie am Anfang. Was dargestellt wird, ist eine Gesellschaft in der Krise oder ein Optimismus in der Krise. Es gibt keine Mauern, nicht einmal die stolzesten, die keine Risse haben. Die Zukunft birgt ein düsteres Geheimnis.

(In der verfallenen und seit langem von allen Menschen verlassenen Bibliothek, in die sich der Zeitreisende auf seiner wilden Flucht vor den kannibalischen »Morlocks« in *Die Zeitmaschine* verirrt, hängen die letzten Reste von Ledereinbänden an den Regalen herunter wie schlaffe Fahnen in einer verlassenen Kirche. Es gibt bei Wells überhaupt eine ungeheure Vergegenwärtigung *des bereits Verlassenen.*)

Martin J. Wiener zeigt in seiner schon klassischen Untersuchung *English Culture and the Decline of the Industrial Spirit 1850-1980* (Cambridge 1981) die kalte Gegenströmung von Zweifel und Widerstand gegen den Fortschrittsoptimismus des neunzehnten Jahrhunderts, die antiindustrielle Tradition und wie früh sie einsetzt. Die von der Industrie nie berührte Landschaft wird frühzeitig idealisiert. Nach dem Burenkrieg verstärkt sich diese Haltung bei Lyrikern wie Yeats und Prosaisten wie G. K. Chesterton und Hilaire Belloc. »Country Life« ist eine neue Zeitschriftenklassifikation in den öffentlichen Bibliotheken. Der Garten und das Dorf, ebenso das wieder und wieder porträtierte englische Landhaus werden zu ständig wiederkehrenden Symbolen dieser antiindustriellen Gegenrevolution.

Das englische Bewußtsein scheint sich gleichzeitig in zwei Welten zu befinden, in der der Wirklichkeit und der einer verträumten Vergangenheit. Und auf dem Grund liegt die ganze Zeit eine tiefe Fremdheit. Bei Wells wie auch bei Kipling ist die phantastische Erzählung, die gern mit einer ekelgefärbten Erfahrung seltsamer Varianten der Gattung Mensch verknüpft ist, eine Art, mit der Fremdheit umzugehen, die noch bei Baudelaire nur wie eine individuelle Pose aussieht. (Es ist wohl des Hinweises wert, daß es Kipling war, der die eigentliche Vorlage zu Kobo Abés Roman *Die Frau in den Dünen* schrieb, einer Erzähung von einem Mann, der Gefangener bei einem sonderbaren Volk wird, das in tiefen Sandhöhlen wohnt, aus denen man, wenn man einmal dort ist, nicht mehr herausklettern kann.)Die Erfahrung kann verschieden aussehen:

Gefangen sein unter Fremden
Sehen, was niemand anderer sehen kann, und davon gefangen werden
Irgendwo anders sein
Unter Menschen geraten, die eigentlich etwas anderes sind

Das wichtigste dieser Motive, die alle bei Wells vorhanden sind, ist die Vorstellung von einer Parallelwelt. Sie kann verschieden aussehen. Eine Landschaft der Geistesabwesenheit. Es wohnt niemand dort. Die Zukunft mit ihren Schornsteinen und Lokomotiven soll daran nicht rühren dürfen. Wenn man so will, ist die Abwesenheit in dieser Landschaft bereits das fertige Symbol für das große Nein, die Verdrängung oder die Weigerung, sich den Bedingungen des technischen Fortschritts zu unterwerfen, das nun das Gegenthema des europäischen Industrialismus für lange Zeit werden wird.

Die von der Industrialisierung nie berührte Landschaft (die Heide bei Worpswede ist natürlich ein gutes Beispiel, obwohl das, was die langsam dahingleitenden Segelkähne transportieren, nämlich Brenntorf, im Grunde eine industrielle Rohware ist) ist eine Landschaft der Geistesabwesenheit. Die junge Clara Westhoff, die hier in jungfräulicher Schönheit gegen die aufziehende Dämmerung der Heide steht, geistesabwesend und voller Unschuld, wird in Rilkes kleiner Tagebuchaufzeichnung mit der Landschaft selbst identisch. Denn die Landschaft vibriert von dem, was nicht vorhanden ist. Es ist dieselbe Gedankenverlorenheit, die sich bei jenen märchenumhüllten Rittern und Jungfrauen findet, die wir heute z. B. in Thielska Galleriet auf Djurgården in Stockholm bewundern können.

Was H. G. Wells betrifft, ist er vielleicht diesem Gefühl, nicht richtig dazusein, die ganze Zeit eigentlich irgendwo anders zu sein, nie nähergekommen als in der seltsamen Geschichte aus dem Jahr 1895 mit dem Titel *Der merkwürdige Fall mit Davidsons Augen.* Davidson ist einer jener bei Wells ständig wiederkehrenden schüchternen und ungeschickten Forschungsgehilfen. Bei einem heftigen Gewitter befindet er sich gerade zwischen den Polen eines sehr großen Magneten, als in der Nähe der Blitz einschlägt. Nachdem er wieder zu sich gekommen ist, wankt er umher wie ein Blinder. Denn während sein Gehör-, Geruchs-, Geschmacks- und Tastsinn ihn weiterhin über das Laboratorium, wo er praktisch mit allem zusammenstößt, informiert, befindet er sich mit dem Gesichtssinn an einem ganz anderen Ort, einer schönen, offenbar völlig verlassenen Insel im südlichen Stillen Ozean. Das schöne, aber erschreckende Phänomen, das den armen Mann natürlich beträchtlich behindert, dauert mehrere Wochen. Abgesehen davon, daß diese Erzählung ein schönes Beispiel für Wells' beinahe sagenhafte Fähigkeit, Gedankenexperimente zu formulieren, darstellt, ist sie auch ein fast vollkommener Ausdruck des fundamentalen Willenskonfliktes, der sein ganzes Werk durchzieht und den Text mit den geheimnisvollen Energien zweier verschiedener Welten zu laden scheint.

Es wäre verlockend, ein wenig darauf einzugehen, wie andersartig man in Frankreich reagierte. Als Jules Verne gegen Ende seines Lebens in einem Zeitungsinterview gebeten wird, sich selbst mit H. G. Wells zu vergleichen, antwortet er ungefähr, daß Wells' Erzählungen durch und durch erfunden sind, während seine eigenen auf Fakten und Berechnungen aufbauen. Man glaubt einen Augenblick, ein Echo des Positivistenstreits zu hören, der im Schatten von Emile Durkheims Soziologie die Sorbonne um die Jahrhundertwende erschütterte.

Freilich kann ein einzelner Brückenbauer wie Isambard Kingdom Brunel so etwas wie *hero civilisateur* auch in England werden, er spielt aber nie dieselbe Rolle wie der Ingenieur Eifel, er wird nie Vorbild für solche Ingenieurshelden, wie wir sie in

Jules Vernes Romanen finden, Kapitän Nemo oder Ingenieur Robur.

Aber auch hier gibt es die gleiche Erfahrung der Geistesabwesenheit. Wolfgang Schivelbusch hat in seinem scharfsinnigen und gelehrten Werk *Geschichte der Eisenbahnreise* (München 1977) schön gezeigt, wie Begriffe wie »Chock« und »Trauma«, die ganze Vorstellung von Menschen, die durch Katastrophenerlebnisse in einen Zusand totaler Geistesabwesenheit versetzt wurden, durch die zunehmende Erfahrung der symbolischen Katastrophe der Zeit *par preference*, des Eisenbahnunglücks, hervortreten. Es ist das traumatische Modell, das allmählich Sigmund Freud ein Stück auf dem Weg zu seiner eigenen Theorie der Neurose führen wird. Romane von Poul Bourget und die Malerei der Zeit wimmeln von geistesabwesenden Damen, Medien, Doppelgängern. Es ist die Zeit der Besessenen, der Hypnotisierten, und das Echo geht weit bis zu *Inferno* von August Strindberg. Aber in diesem bereits aufgerissenen Feld sah Charles Baudelaire lange vor den anderen die Möglichkeit einer neuen Ästhetik voraus. Wie Walter Benjamin hervorhebt, wird ein nervöser »tic«, ein kleines Muskelzucken am Auge bei dem Gentleman der Zeit bereits kurz nach 1850 so modisch, wie eine Krawatte in Mode sein kann. Die »Nerven« sind in Mode. Und in *Die Blumen des Bösen* ist bereits eine Ästhetik der Gefühlslosigkeit einer neuen Zeit im Prinzip fertig. Der Dichter hinter der außerordentlich populären Gedichtsammlung jener Zeit sieht schon vier Jahrzehnte vor der Jahrhundertwende mit »Davidsons Augen«.

Baudelaires Ästhetik steht im Zeichen des Traumas und der Inversion: er versucht zu zeigen, daß ein verwesender Kuhkadaver voller Fliegen auch eine erschütternde und intensive Schönheit besitzt (*Ein Kadaver*) und daß die neue Oberflächlichkeit und die neue Anonymität, die jetzt die sozialen Beziehungen überschwemmen, eine eigene erotische und emotionelle Spannung besitzen, die den Fortfall der alten Kraftfelder kompensiert. Eine Begegnung, die nie in realen Ausdrücken verwirklicht wird, hat einen eigenen, einen Wert der Abwesenheit (*An eine, die vorüberging*). Da ist es erst 1857.

Am Ende des Jahrhunderts sind nicht nur die Landschaftsromantik und die Ästhetik der Geistesabwesenheit in der Nachfolge von William Morris und der Präraffaeliten voll entwickelt. Sie beginnt neue Verbindungen einzugehen, nämlich mit der Vorstellung von der technologischen Katastrophe. Hier wird Wells interessant. Bei ihm hört man in dem präraffaelitischen Garten mit überraschender Deutlichkeit das unterirdische Grollen aus den heißeren Gruben der Zukunft. Nicht genug damit: sein Garten ist auch Labyrinth, Spiegelsaal. Auf den Garten bei Wells und seine subtilen Funktionen, die uns noch zu einem modernen Dichter wie Borges hinführen, werde ich im nächsten Abschnittt zurückkommen. Wir wollen hier festhalten, daß soviel in dieser Ästhetik ein *Nein* ausdrückt, zum Fortschritt, zur Industrialisierung der Landschaft, zur industriellen Arbeitsform als solcher. Es ist dieses Nein, könnte man sagen, das die europäische Haltung gegenüber der technischen Entwicklung in entscheidender Weise verschieden z. B. zu der japanischen oder der amerikanischen Haltung macht. Die große Krise kam zur Landschaft, und die Landschaft stand stumm wie die junge Clara Westhoff und sah weg. Vielleicht mit den unendlich abwesenden Augen des Laborgehilfen Davidson.

2. Die Kristallkugel im Garten, die Wildnis draußen

Eine der interessantesten phantastischen Erzählungen von H. G. Wells heißt *Die Kristallkugel*. Sie handelt wirklich von dem, was der Titel nennt. Die Kugel ist aus Kristall und befindet sich im Schaufenster eines kleinen, unordentlichen Ladens in South Kensington. Der Besitzer ist bemerkenswerterweise nicht gewillt, sie zwei interessierten Gentlemen zu verkaufen, die sie im Schaufenster unter ausgestopften Tieren und anderen Kuriositäten finden. Gegen die heftigen Proteste seiner Frau verlangt er einen unangemessen hohen Preis für die Kugel. Ein jüngerer Naturwissenschaftler, ein Gehilfe in einem der unzähligen Laboratorien der Gegend, interessiert sich lebhaft für den sonderbaren Gegenstand.

Es zeigt sich, daß die Kugel ganz außergewöhnliche Eigenschaften besitzt und daß der Ladenbesitzer ohne das Wissen seiner Frau einen guten Teil der Nacht damit verbringt, diese zu erforschen.

Wenn Licht unter einem bestimmten Winkel in die Kugel fällt, leuchtet ein grüner Punkt in ihrem Inneren auf, und wer sein Auge anstrengt, wird herausfinden, daß der grüne Punkt in Wirklichkeit ein Fenster in eine Landschaft einer anderen Welt ist. Man kann eine grüne Bergschlucht, bevölkert mit scheußlichen, vogelartigen Wesen, die offensichtlich Zugang zu Gebäuden und mechanischen Transportmitteln haben, in der Kugel erkennen, wenn man sein Auge schärft. Immer deutlicher wird die unbekannte Bergschlucht, ja erschreckend deutlich. Die Helden der Erzählung, der alte Präparator und Antiquitätenhändler und der junge Naturwissenschaftler, der sein Freund ist, entdecken, daß die Kristallkugel deutlich die fremde Welt von einem Aussichtspunkt aus spiegelt, der hochgelegen sein muß. Genaue Beobachtungen zeigen, daß der Beobachtungspunkt eine Kristallkugel gleicher Art sein muß, die ganz oben an der Spitze eines Mastes befestigt ist. Manchmal fliegen die unbekannten intelligenten, vogelartigen Wesen, die diese sonderbaren Kristalle aufgestellt haben, zur oberen Kugel hin und schauen flatternd in sie hinein.

Es gibt einen phantastischen Augenblick in der Erzählung, typisch für das Geniale in Wells Phantasie, als eines dieser fliegenden Ungeheuer von der einen Seite in die Kugel sieht, unsere Helden von der anderen. Und alles in dem engen, staubigen Laden mit seiner Atmosphäre von biologischen Präparaten und Kuriositäten.

Die Kristallkugel kann entweder als etwas in der Art verstanden werden, was wir heute ein *Terminal* nennen, eine Kugel, die isomorph das abbildet, was bereits auf einer anderen Kugel abgebildet ist, die sich in diesem Fall in einer anderen Welt befindet.

Oder als etwas, das natürlich eine viel lustigere Alternative darstellt: *ein und dieselbe Kristallkugel befindet sich in zwei verschiedenen Welten.* Der Gegenstand wird aber in der einen Welt umhergetragen und ist in der anderen fest an einem Ort! Die beiden Räume sind logisch voneinander unabhängig.

Wir haben es mit dem einzigartigen Fall eines einzelnen Gegenstandes, der in zwei verschiedenen möglichen Welten sich zeigt, zu tun. Vielleicht nicht ganz einzigartig, denn in der mittelalterlichen Theologie muß Gott natürlich dieselbe ontologische Eigenschaft besitzen: etwas einzelnes zu sein, das in allen möglichen Welten »gleichzeitig« vorkommt, ein selbst unsichtbares System von Torwegen zwischen den Welten. Typisch für Wells ist, daß seine Kristallkugel wirklich nur Kristallkugel bleibt. Man kann vielleicht sagen, daß sie dieselbe Stellung in der exzentrischen Erkenntnistheorie der Erzählung einnimmt wie Descartes' »Ich denke, also bin ich« im System des französischen Philosophen. Eine Brücke zwischen der unkontrollierbaren Welt des Traums und der kontrollierbaren des Wachseins. Wie Wells' Kristallkugel existiert der Zweifel, gleichzeitig und gleich wirklich, in zwei Welten.

Die Kristallkugel ist als ästhetischer und metaphysischer Gegenstand extrem, seine Funktion ist es aber nicht. Die Idee von einer *Bifurkation* oder *Verzweigung* zwischen verschiedenen Welten und Räumen hat ohne Zweifel von allen späteren Science-fiction-Autoren Jorge Luis Borges am detailliertesten durchgespielt. Wie Ronald J. Christ in *The Narrow Act: Borges' Art of Allusion* (New York 1969) hervorhebt, haben die Schriftsteller Chesterton, Wells und Kipling Borges am tiefsten beeinflußt. Besonders in *Der Garten mit Gängen, die sich teilen* und *Tlon, Uqbar, Orbis Tertius* entwickelt Borges, wie Robert Philmus in einem interesssanten Aufsatz (in: Suvin & Philmus, *H. G. Wells and Modern Science Fiction*. Lewisburg 1977) zeigte, diese Ästhetik der Parallelwelt weiter.

In Wells' Erzählung *Die Tür in der Wand* erhält diese Ästhetik deutlich religiöse Obertöne. Wallace, die Hauptfigur der Erzählung, hat als kleiner mutterloser Junge eine Tür in einem grünen Bretterzaun in einer trostlosen Vorstadtstraße gefunden, die in der Nähe seiner Straße liegt. Hinter der Tür öffnet sich ein Garten, der nicht nur ein Garten, sondern eine ganze Landschaft ist. Zwei sehr zahme, freundliche Panther und eine schöne, dunkle und melancholische Dame sind nur ein Teil der öldruckartigen Requisiten (Wells wird immer äußerst banal, wenn er Schönheit schildern will), die uns mehr oder weniger erfolgreich klarmachen sollen, daß es sich um das verlorene Paradies handelt: »Es war eine Welt mit einer anderen Qualität, ein wärmeres, durchdringenderes und weicheres Licht, mit einer zarten, klaren Freude in ihrer Luft und kleinen, von der Sonne berührten Wolkenbauschen in des Himmels Blau.«

Der psychoanalytisch informierte Leser kann leicht seine Theorien um diese Erzählung spinnen. Es ist natürlich nicht schwer zu sagen, daß eine Tendenz zu *infantil regress* Wallace beherrscht. Das Erlebnis dieses Gartens (er hat es im Alter von fünf Jahren) prägt sein ganzes Leben. Er sucht ihn aufs neue. Manchmal *sieht* er geradezu wieder die Tür in der Wand von einer vorbeirasenden Droschke aus auf dem Weg zu einem Geschäft seines Erwachsenenlebens. Dieser Wunsch macht ihn zu einem Fremdling in dem Leben, in dem er äußerlich gesehen als erfolgreicher Politiker wohletabliert ist. Eine Frau, die ihn gut kannte und die ihn sehr liebte, so heißt es in der Erzählung, sagt über ihn: »Plötzlich verläßt ihn sein Interesse. Er kümmert sich nicht einen Deut um dich, obwohl du vor seiner Nase stehst . . .«

Wallace trifft folgerichtig den Tod. Als er eines Tages auf dem besten Weg ist, als Mitglied ins Kabinett einzutreten, öffnet er eine nachlässig verschlossene Tür im Bretterzaun einer Baustelle und stürzt in der Grube dahinter zu Tode. Der regressive Wunsch nach einem Wiedereintreten in die Kindheit, in den Mutterleib, kann nämlich ganz folgerichtig nur durch den Tod erfüllt werden.

Diese kleine, hübsch pastellfarbige Geschichte, die in verblüffender Weise nicht nur an die Märchengärten in der populärsten Malerei der Zeit, sondern auch an die Atmosphäre in Gustav Mahlers erster Symphonie erinnert, illustriert eine zweite typische Art dieser Zeit, Gärten zu benützen. Wie der verlorene Garten der Kindheit wird er auch *ipso facto*, was Almqvist den »wunderbaren Garten des Todes« nennt. In der Tat muß eine einigermaßen erschöpfende Liste über die Verwendung der Garten-Metapher in der Ästhetik der Jahrhundertwende drei verschiedene Formen, oder wenn man will, *Dimensionen* dieser Metapher berücksichtigen:

1. Der Garten ist eine parallele Welt (Wells, Kipling, gelegentlich Borges).
2. Der Garten ist das verlorene Paradies der Kindheit, des Mutterleibs und des Todes (Wells, Klimt, Klinger, Segantini, Mahler).
3. Der Garten ist ein problematisches Subsystem der natürlichen Entwicklung (Thomas Huxley, Wells).

Diese dritte Dimension wurde kaum besser formuliert als von David Y. Hughes (in: Suvin & Philmus, *H. G. Wells and Modern Science Fiction*, 1977), wenn er über Thomas Huxley sagt, daß er den Garten als ein Subsystem gerade des Naturzustandes ansah, dem er sich widersetzt. Ungefähr wie eine Gegenströmung in einem Fluß – »denn der Gärtner selbst ist ein Produkt der Evolution«.

Seinen wohl schauerlichsten Ausdruck hat diese Auffassung des Gartens in der Erzählung *Dr. Moreaus Insel* von H. G. Wells gefunden, auf die ich hier aber kaum eingehen werde. Es ist die Geschichte eines exzentrischen Physiologen und Vivisekteurs, der sich auf eine einsam gelegene Insel im Stillen Ozean zurückgezogen hat, wo er experimentiert, indem er verschiedene Säugetiere zu schrecklichen menschenähnlichen Wesen umgestaltet. Der Grund, daß ich diese Erzählung übergehe, liegt nicht in ihrer Scheußlichkeit oder in Mangel an Interesse, sondern darin, daß sie eine viel ausführlichere Behandlung erfordert, als dies hier möglich ist. Sie sieht mit Wells genialer prophetischer Fähigkeit einen zukünftigen Rassismus voraus, sie formuliert messerscharf das schlechte Gewissen der Zeit angesichts der Arbeits- und Wohnbedingungen des englischen Proletariats und macht vor allem wieder den Gegensatz zwischen der Idee der Evolution und der Idee des technischen oder des allgemein zivilisatorischen Fortschritts deutlich.

Zwei Systeme, die natürliche Evolution und die geschichtliche Existenz der Menschheit, die sich in unserer eigenen Zeit vor allem offensichtlich als technische und industrielle Entwicklung ausdrückt, scheinen die Welt unabhängig voneinander als zwei Parallelwelten zu steuern. Es hat den Anschein, als ob nichts auf

Dauer das erste System daran hindern kann, das zweite zu vernichten. Dieses Problem beunruhigt H. G. Wells unablässig, und wenn er schließlich eine zerbrechliche, aber doch leidliche Lösung zu finden glaubt, geschieht dies in Form seines immer sehr provisorischen Fabianschen Sozialismus.

Das Problem wird zugespitzt wohl folgendermaßen (in Wells Ausdrucksweise) formuliert: als die Marsianer im *Krieg der Welten* die Erde zu erobern versuchen, ist es nicht unsere Technologie, die uns rettet, sondern unsere Biologie, denn die biologische Entwicklung hat uns immun gegen dieselben Bakterien gemacht, die in einigen Tagen die Marsianer vernichten.

Wenn wir auf unsere eigene Zeit blicken, können wir die verblüffende Erfahrung machen, daß die großen Probleme des neunzehnten Jahrhunderts keineswegs gelöst sind, sondern daß wir nur in einer Zeit leben, in der man intellektuell allzu träge ist, um mit ihnen zu ringen, oder, wie im Fall der Soziobiologie Edward Wilsons, vielleicht allzu sehr mit Hypotheken verschiedener ideologischer Kreditinstitute belastet, um das Wagnis auf sich zu nehmen, diesen viktorianischen Schock in seiner ganzen Kraft wirken zu lassen.

Was ist der Mensch? Ist er ein Tier oder etwas anderes? Ist er mit der Natur oder gegen sie? Als Spinoza in einem anderen Zeitalter aus der jüdischen Glaubensgemeinschaft ausgeschlossen wurde, geschieht dies, weil er leugnet, daß der Gott der Geschichte derselbe Gott ist, der den Kosmos schafft. Mit gewissem Recht könnte man sagen, daß die Kontroverse, die er zum Leben erweckt, in ihrem tiefsten Grund die viktorianische Frage *ist*.

Es scheint mir oft richtig zu sagen, daß sich hinter den Träumen eines jeden Zeitalters die Alpträume des nächsten verbergen.

Auf einem unbedeutenden Planeten im unendlichen Weltall lebte ein kluges Tier, das glaubte, eine Entdeckung gemacht zu haben: *das Erkennen*, heißt es in einer Parabel, die Friedrich Nietzsche in *Über Wahrheit und Lüge im außermoralischen Sinn* erzählt. Es war der hochmütigste, aber auch verlogenste Augenblick in der Geschichte des Planeten. Aber als der Stern starb und die Planetenbewohner folglich auch sterben mußten, mußte auch die Wahrheit verlorengehen, die die klugen Tiere entdeckt zu haben glauben. So gebrechlich, so vergänglich hat man sich die menschliche Existenz vorzustellen, sagt Nietzsche. Es ist fast unmöglich, das in der Ästhetik der Jahrhundertwende zu berühren, was den Gegensatz von Natur und Geschichte spiegelt, ohne diesen Philosophen zu nennen. In seinen Werken aus den achtziger Jahren, so könnte man sagen, kehren ständig drei Fragen wieder:

A. In welcher Beziehung steht die Moral zur Natur?
B. Was ist die Aufgabe des Philosophen, wenn alle Erkenntnis kontextabhängig und in ihrer Eigenschaft der Kontextabhängigkeit »vorübergehender« Natur ist?
C. Ist der Mensch selbst Natur oder Kultur?

Solche Bücher wie *Also sprach Zarathustra*, *Zur Genealogie der Moral* und *Jenseits von Gut und Böse* sind natürlich sowohl ästhetisch wie philosophisch außerordentlich bezeichnend für die Art und Weise der Zeit, diese Fragen zu stellen. *Wie* bezeichnend, erkannte man damals nicht. Wie so oft im geistesgeschichtlichen Zusammenhang erscheint das Zeittypische den Zeitgenossen nicht selten als abweichend und umstritten.

Als Sigmund Freud nur wenige Jahre später die geistesgeschichtliche Bühne betritt, geschieht dies mit Fragen, die in fundamentalem Sinn dieselben sind. Praktisch genommen kann seine ganze Neurosenlehre aus dem Axiom abgeleitet werden, daß der Mensch ein *Kompromiß* (nämlich die Ödipus-Lösung) zwischen Mensch und Tier ist und daß dieser Kompromiß ein ganzes Knäuel nicht aufgeknoteter Fadenenden oder – wenn jemand eine eher ökonomische Metapher vorzieht – einen Haufen unbezahlter Schulden hinterläßt, die der Todestrieb und gleichzeitig der Preis der Zivilisation sind.

Wie man auch Nietzsches Gedanken zwischen mehr orthodox sozialdarwinistischer Interpretation und religiöser à la Walter Kaufmann dreht und wendet, man muß meiner Meinung nach am Ende zu dem Ergebnis kommen, daß es Nietzsche nie gelungen ist, das Problem Evolution gegen Geschichte zu klären. Die Gegenströmung, Huxleys Wirbel, die scheinbar gegen die eigentliche Hauptrichtung der Natur geht, finden wir hier ohne großes Suchen, nämlich in der Lehre vom Sklavenaufstand in der Moral. Die Schwachen schaffen eine Tugend, die ihre eigene ist, aus dem, worin ihre Schwachheit besteht: daß sie mit den Starken beim evolutionären Langlauf nicht mithalten können. Es ist schlecht, reich, stark und erfolgreich zu sein, edel dagegen, arm, schwach und verloren zu sein, sagen Nietzsches Sklaven und machen einen Aufstand. Doch sieh, was geschieht? Ihre neue Moral erweist sich als erfolgreich und macht sie nach und nach wenn nicht stärker, so doch mächtiger als die gerade noch Starken und Mächtigen. Hier wendet jede neue Generation von Philosophiestudenten natürlich mit Recht ein: ist das nicht gerade ein Zeichen biologischer Anpassung, also der Stärke, die Arten im evolutionären Kampf siegen läßt?

Ist es nicht der christliche Asket, Hieronymus hoch oben auf seiner Säule, der am sichtbarsten die Physiognomie des künftigen Übermenschen zeigt? Ist dann nicht die Kultur und die christlich-jüdische Moral, gegen die Nietzsche anstürmt, nur ein hilfreiches altes Weib der Evolution? Nietzsche ist tatsächlich viel interessanter, wenn er über Erkenntnistheorie spricht, als wenn er mit einem Evolutionsbegriff ringt, den er unter allen Umständen trotzdem nie mit ganzem Herzen akzeptieren kann. In Wirklichkeit schwanken seine Sympathien fast ohne Bewußtsein zwischen Evolution und Zivilisation, zwischen Garten und Wildnis. Erst in seiner sehr radikalen Sicht des philosophischen Begriffsapparates und dessen Schwäche erscheint er als ein noch immer wirklich aktueller Denker:

Die tiefste Konsequenz davon, daß unsere Vernunft im Dienst des evolutionären Überbaus entwickelt wurde, ist nämlich, daß die Frage nach der wirklichen Welt gegenüber der Welt der Phänomene, Kants Frage, zu einem Scheinproblem wird. Die individuellen philosophischen Begriffe, sagt Nietzsche in *Jenseits von Gut und Böse*, entwickeln sich nicht zufällig oder autonom, sie wachsen im Zusammenhang und in Verbindung miteinander heran. Sie gehören ebenso *einem System* an wie die Mitglieder der Fauna auf einem Kontinent.

Wieder ein Garten in der dritten Bedeutung. Aber wenn man

wie Nietzsche behauptet, daß philosophische Begriffe wie »Ursache« und »Wirkung« nur biologisch bedingende Fiktionen darstellen und daß »die Dinge« eigentlich völlig kontextabhängige Einheiten sind, die ungefähr wie Flora und Fauna in einer Landschaft kommen und gehen, läßt sich natürlich die ganze Ästhetik der Parallelwelten weniger gut anwenden. *Alle* Welten, einschließlich der, in der wir uns zufälligerweise zu befinden scheinen, sind Parallelwelten. Und in Übereinstimmung mit der merkwürdigen Anthologie des späten Borges über die Völker in Tlon und Uqbar, einem Buch, *das kommt und geht*, wo man bestimmte Jahrhunderte in den Bibliotheken finden kann, andere nicht, ist nun unser Begriffsapparat ein Wörterbuch, in dem bestimmte Dinge manchmal vorhanden sind und zu einem anderen Zeitpunkt nicht. Die Abhängigkeit der philosophischen Begriffe von der Biologie und der Evolution hat den wichtigen Aspekt, daß die ganze Parallelweltästhetik in gewissem Umfang ihre Bedeutung verliert. Warum *gerade diese* Welt?

Es ist die einzige Welt, könnte man sagen, die uns angeht.

Aber, sagt der streitsüchtige Nietzsche, warum könnte nicht *die Welt, die uns angeht*, eine Fiktion sein? Die Ähnlichkeit mit modernen Überlegungen, die ihrerseits die ganze Welt mit möglichen Parallelwelten erfüllen, z. B. bei Nelson Goodman (*Methods of World-Making, Of Mind and Other Matters*), ist verblüffend. Es wurde nämlich offensichtlich ein lästiges altes Gespenst aus den Tagen der Wiener Schule, *die Proposition* oder »die Bedeutung bei einem echt sprachlichen Satz« nun von Leuten wie W. V. O. Quine und Nelson Goodman in die scholastische Rumpelkammer gesteckt, die das endgültige Schicksal aller semantischen Begriffe zu sein scheint. Aber das ist, wie H. C. Andersen gesagt hätte, eine andere Geschichte.

Wie die junge Clara Westhoff draußen in der Moorlandschaft an einem Sommerabend im Jahre 1900, von der ich im ersten Teil erzählt habe, stehen die Menschen bei den Künstlern und Denkern der Jahrhundertwende oft abgewandt, intensiv nach etwas suchend oder, wie Rodins Denker, in etwas anderem als dem unmittelbar Gegenwärtigen versunken. Und dieses Andere kann verschieden aussehen.

Bei Freud wie das für immer verlorene glückliche Reich der präödipalen Existenz.

Bei Nietzsche wie eine Zeit des verheißenen Übermenschen, die die neunmalkluge industrielle Leistungsfähigkeit unserer Tage zu einer Grimasse machen wird. (»Wir haben das Glück erfunden, sagen die letzten Menschen und blinzeln«, heißt es in Nietzsches *Zarathustra.*)

Die Druckwelle der rasch fortschreitenden industriellen und städtischen Zivilisation scheint sie zu lähmen, oder aber etwas entstehen zu lassen, das wie eine spezielle, eigentümlich verzerrte biologistische Variante des messianischen Optimismus der alten Religionen aussehen kann.

Sie stehen abgewandt, sie können sich alles denken, nur nicht das Gegenwärtige. Denn das Gegenwärtige ist ihnen aus irgendeinem Grund, den wir nicht mehr erkennen, unerträglich.

Bevor alle Züge abfahren und alle Uhren stehenbleiben

Am 22. September 1981 glitten die acht stromlinienförmigen Wagen des neuen französischen Hochgeschwindigkeitszuges TGV (»Train de Grande Vitesse«) mit dem neuen Kommunikationsminister Jean-Pierre Boeuf am Führerstand aus der Gare de Lyon. Geschwindigkeit: 260 Stundenkilometer, Fahrzeit Paris–Lyon–Bordeaux: 2 Stunden und 40 Minuten. Der Energieverbrauch pro Passagier entspricht 9 Litern hochoktanigem Benzin. Der Stolz der französischen Nation.

So war ein umstrittenes und ungeheuer modernes Eisenbahnprojekt, das erste große unserer Zeit, das im März 1974 begonnen worden war, abgeschlossen. In seiner Einweihungsrede griff Präsident Mitterand völlig zu Recht auf den utopischen Kern der Eisenbahnrhetorik des neunzehnten Jahrhunderts zurück:

> Der Hochgeschwindigkeitszug wird sich in harmonischer Weise in die neue Landschaft der Veränderung einfügen. Ich begrüße den Hochgeschwindigkeitszug als ein Element in der Eroberung eines neuen Raumes der Freiheit: des Rechtes zu kommen und zu gehen, der Möglichkeit für alle, ihren Lebensraum auszuweiten.

Die Entwicklung des europäischen, besonders aber des englischen Eisenbahnnetzes bedeutete eine soziologische Veränderung von unerhörten Dimensionen. Für eine immer beweglichere Landbevölkerung erhielten die beiden Versprechen der Großstadt, Kontakte und Reichtum, neue Realität. Die schwindelerregenden kühnen Schnitte (besonders in England mit seinen genau eingeteilten Eigentumsverhältnissen, die große Sparsamkeit mit dem Boden notwendig machten) durch Hügel und Täler und die schnurgerade Verkehrsführung in die Stadtzentren hinein veränderten die Landschaft. Aber auch die Wahrnehmung der Landschaft veränderte sich: die vorbeieilende Landschaft vor dem Zugfenster, die den ersten Reisenden Schwindelgefühle verursacht, führt rasch zu einer neuen Art des Sehens: dem Panorama.

Um die Endstationen der Großstädte herum entwickelt sich eine neue Form von Landschaft: Eisenbahnhotels, Aufenthaltsorte für ungebundene Existenzen, eine Stadtlandschaft mit sozialer Unsicherheit, zugleich aber von Prestige geprägt, ungefähr wie sich der moderne Flugplatz seine besonderen Prestigesymbole hält. In phantasieanregender Weise wird eine Formensprache einer älteren Welt in die große Maschine der Eisenbahn transformiert, denn man muß die Eisenbahnen als eine einzige große Maschine oder ein zusammenhängendes Maschinensystem, das erste seiner Art in der Geschichte, sehen. Aus der charakteristischen Form der Postkutsche mit der durch die gegenüber befindlichen Sitze erzwungenen Gemeinschaft wird das europäische *Coupé* mit einer Einzeltür für jedes Abteil. Dies führt teils zu einer neuen Form schrecklicher Verbrechen (Emile Zola schildert dies in *La Bête humaine*), teils zu riesenhaften Pissoirs, wie sie noch heute der Bedrängte in Liverpool Street Station oder Gard du Nord findet. Aus der amerikanischen Flußbooteinrichtung, wo der Aufenthaltsraum nachts durch Vorhänge in einen Schlafsaal verwandelt wird, entwickelt sich der *Pullmanwagen*.

Das Eisenbahnunglück, diese neue erschreckende Möglichkeit, schafft mit seiner dramatischen *Plötzlichkeit*, dem ersten genuinen Ausdruck der gesteigerten technologischen *Fallhöhe*, die ein Kennzeichen der Hochtechnologie darstellt, nicht nur Zeitungsmeldungen und melodramatische Holzschnitte.

Durch die Streitigkeiten der Versicherungsjuristen erhält das alte Wort *choque*, ursprünglich Ausdruck für den Kavallerieangriff, die konzentrierte »Fallhöhe«, die in der Säbelspitze des Kavalleristen liegt, wenn er sich mit der auf der Degenspitze gesammelten eigenen Bewegungsenergie und der seines Pferdes auf den Feind stürzt, eine neue Bedeutung. Aus dem Zustand, der plötzlich scheinbar unversehrte Unglücksopfer trifft, entsteht die Theorie des psychischen Traumas, und dies unter starkem Widerstand, da die Eisenbahngesellschaften dies nicht schätzen. Dieser Begriff erfährt durch die Erfahrungen der Kriegsmedizin Unterstützung und legt zuletzt die Grundlagen für die zentralen neurologischen Gedanken im allerersten Stadium der Psychoanalyse.

Darüber und über vieles mehr berichtet Wolfgang Schivelbusch in einem Werk, das vor einigen Jahren (1977) unter dem Titel *Geschichte der Eisenbahnreise* erschien.

Besonders fesselnd in diesem reich illustrierten Buch ist, was der Verfasser über drei Gebiete, nämlich die Entwicklung der Eisenbahn, die geistesgeschichtliche Bedeutung des Eisenbahnunglücks und die Einfahrt in die Stadt, d. h. die Bahnhöfe, zu berichten hat.

Im ersten Bereich, eng verknüpft mit der Freisetzung der Triebkräfte, die also das entscheidende Moment in der industriellen Befreiung darstellen, betont er, daß der Schritt von Newcomens Dampfmaschine zu einer Dampfmaschine, die sich auf einem Gleis bewegt, wo die Arbeit mit der eigenen Fortbewegung der Maschine identisch ist, kurz gesagt zur Lokomotive wahrscheinlich nie erfolgt wäre, wenn das bedeutende Transportmittel, die Pferde, durch beträchtlich erhöhte Schutzzölle auf importiertes Saatgut in den ersten Jahrzehnten des neunzehnten Jahrhunderts nicht verdrängt worden wäre. Es ist natürlich verlockend, Vergleiche zur Ölkrise unserer Tage zu ziehen.

In der Geistesgeschichte des Eisenbahnunglücks stößt er auf eine wirkliche Goldgrube von Funden, nicht nur auf die Trauma-Theorie, sondern auch auf Aspekte des Gedankens der Ermüdung bei Metallen und Menschen, also auf ein ganzes Repertoire begrifflicher Formen, die ihren Ursprung im Streben nach besserem Material und sicheren Konstruktionen haben.

Besonders fesselnd für den technisch interessierten Philosophen ist vielleicht, was er über den großen technologischen Ehrgeiz des neunzehnten Jahrhunderts, so weit wie möglich das »Spiel«, d. h. den nicht beabsichtigten, freien Spielraum in den Konstruktionen zu reduzieren, zu sagen hat. Hier berührt Schivelbusch mit einer für ihn typischen sicheren historischen Intuition etwas Grundlegendes, was vielleicht am besten ausgedrückt werden kann mit dem Vergleich zwischen einer Pendeluhr der Renaissance und der modernen digitalen Computeruhr, die im Prinzip keine anderen beweglichen Teile als die Aktivierung der Flüssigkristalle auf dem Zifferblatt hat: eine endgültige Technologie, wo alles still liegt und doch arbeitet. Was ist die soziologische Entsprechung einer solchen Technologie?

Die Begriffe »Fallhöhe« und »Spiel« eröffnen eine Perspektive auf die zukünftige Entwicklung: die Totenstille der Computer, das lautlose Gleiten der führerlosen Luftschiffe über Landschaften.

Der Ort der Ankunft schließlich, die Großstadtstation, ist nicht nur ein Stück Architekturgeschichte mit den Möglichkeiten der Gußeisentechnik, eine neue Gotik, die »Gußeisenkathedrale« als hervorragendstes Kennzeichen zu schaffen. Genau wie die Eisenbahntechnik eine neue Ausdauer bei Führer und Passagieren, eine Anpassung an neue Nervenreize hervorbringt, schafft der Bahnhof im Stadtmilieu ein geduldiges Hinnehmen, daß es in seinem Zentrum industrialisiert wird, daß es eine Riesenmaschine im Straßenbezirk enthält.

Was Schivelbusch soziologisch schildert, erzählt ein anderer Schriftsteller, nämlich der Dichter John Betjeman mit liebevoller Geschichtsnostalgie in *London's Historic Railway Stations*, einem schönen und vergnüglichen Buch mit Bildern des Photographen John Gay (London 1972).

Betjeman hat eine vorzügliche, detaillierte Arbeit geleistet. Er weiß, wer den kleinen merkwürdigen Teepavillon am Südende von Liverpool Street, eine Zufluchtsstätte für spät zurückkehrende Studenten aus Cambridge und morgendliche Pendler, entworfen hat. Er hat die großartigen Renaissancetreppen im seit langem geschlossenen Bahnhofshotel St. Pancras untersucht.

Und er schreibt ebenso liebevoll über die Menschen in den Bahnhöfen, über die Skandinavier und Holländer in Liverpool Street, die Franzosen in Victoria Station, die morgendlichen müden Pendler auf ihrem Weg über die Brücke, die denselben Namen trägt wie der Bahnhof London Bridge. Er gibt uns die Wirklichkeit hinter Eliots unsterblichen Zeilen wieder:

> Unreal City,
> Under the brown fog of a winter dawn,
> A crowd flowed over London Bridge, so many
> I had not thought death had undone so many.
> Sighs, short and infrequent, were exhaled,
> And each man fixed his eyes before his feet.

Realistischer, anschaulicher kann diese neue Art an die Technologie angepaßter Menschen kaum geschildert werden, die die moderne Großstadt mit dem Bahnhof als Gehirn zu schaffen vermag.

Die Welt, die Betjeman schildert, ist in vieler Hinsicht beklemmend, zum Teil eine Ruinenwelt, ein Monument über etwas Gewesenem: so tiefe Sprünge, daß jemand seine *Times* in das jonische Gußeisenkapitell einer Säule in London Bridge gestopft hat, der geduldige Verfall in Blackfriars, Holborn Viaduct und Cannon Street. Hier sind wir weit entfernt von Präsident Mitterands schöner neuer Welt.

Betjeman hat das Vertraueneinflößende einer Welt, in der fast alles bereits geschehen ist, erkannt.

1913 entdeckt man in Wien, daß es nur noch fünf Jahre bis zum siebzigjährigen Jubiläum von Kaiser Franz Joseph I. als Regent sind. Aber zum selben Zeitpunkt, 1918, wird Wilhelm II. dreißig Jahre deutscher Kaiser gewesen sein. Für österreichische Patrioten besteht kein Zweifel, daß dies eine Gelegenheit ist, die man nicht versäumen darf. Das Jubiläum muß das deutsche übertreffen, die Emporkömmlinge auf ihren Platz verweisen, Österreich mit seinem Friedenskaiser muß ein Gegenstück zur preußischen Macht bieten. Das Jubiläum muß eine großartige Manifestation des geistigen Übergewichts des Landes werden, der Überlegenheit des Geistes über die bloße Stärke, über die Effektivität oder wie man es sonst nennen will. So wird ein Komitee gebildet, das sich »Parallelaktion« nennt, eine glänzende Gesellschaft von Vertretern der Wissenschaft, Philosophie und Kunst, um eine Generalinventur des Geistigen durchzuführen, die wesentlichen Ergebnisse des modernen Denkens festzustellen und sie in all ihrer Pracht angesichts des Jubiläums erblühen zu lassen.

Dies ist der Rahmen von Musils großem Roman und zugleich ein Sinnbild für den Roman in seiner Ganzheit.

Ulrich, diese einzigartige Romanfigur, die im Gegensatz zu fast allen anderen Romanfiguren genauso viel wie dessen Autor reflektieren darf, trägt in sich alle Anlagen eines wirklich großen Menschen, nur mit dem Unterschied, daß er sie nicht verwirklicht. Er hat alle Möglichkeiten der Größe überprüft, hat versucht, seine Zeit zu formen, wie die Zeit es schätzt, alles aber verworfen. Er war Militär, Ingenieur und Mathematiker, aber alles auf Distanz, als wäre es anstelle von etwas anderem gewesen. Es ist eine der entscheidenden Ironien des Romans, daß er Sekretär der Parallelaktion wird.

Der zweite Teil des Romans ist im großen und ganzen der Bericht über das endgültige Fiasko und den Zusammenbruch der Parallelaktion – wir dürfen Zeugen sein, wie sie selbst ihre eigene Sinnlosigkeit enthüllt. Es zeigt sich, daß die Ergebnisse des Geistes nirgendwo zu finden sind, daß eine solche Ganzheit nur als

Konversation existierte, als steriler Rundgang durch die großen abstrakten Worte in all den verschiedenen Verbindungen, die sie bereitwillig miteinander eingehen. Wer versucht, das Wesentliche zu finden, den Boden, auf dem man stehen kann, erhält den Hinweis zu reden, nur zu reden und nichts anderes. Es gibt bibliographische Verzeichnisse über alles, was geschrieben und gesagt wurde, Wissen aller Art wird in Bibliotheken aufbewahrt, das ist wahr. Aber diese erlesene Ganzheit, die Substanz in der Kultur, die zerfällt bei näherer Betrachtung in Essays, Formulierungen und stereotype Wiederholungen grammatischer Wendungen, die uns in überspannten Augenblicken sinnvoll erscheinen. Die Parallelaktion geht auf den plappernden, unendlich seelenvollen geselligen Kreis um die auffallende Frau Diotima, die hochbusige und leicht entflammbare Gattin des Sektionschefs Tuzzi, über.

Um dieses ebenso monumentale wie unmerkliche Fiasko gruppieren sich andere Motive des Romans: der Millionär und preußische Großschriftsteller Arnheim entwickelt seine Theorien einer neuen Einheit von Wirtschaftsleben und Geist, und sein beharrlich platonisches Liebesverhältnis zu Frau Tuzzi wächst zu wolkenartig aufgetürmten, wesenlosen Formen. Ulrich verführt eine hysterische Dame, unterdrückte Volksgruppen grollen an der Peripherie des strahlenden geistigen Aufzugs. Ein General wird vom Stab ausgeschickt, um zu ermitteln, worin »Zivilvernunft« eigentlich besteht und in welcher Weise sie sich von der militärischen Lebensform unterscheidet. Ulrichs Vater verfaßt neue rechtsphilosophische Eingaben, um zu beweisen, daß es eine partielle Zurechnungsfähigkeit auch bei unzurechnungsfähigen Verbrechern geben muß. Und in seiner Gefängniszelle sitzt der Frauenmörder Moosbrugger, undurchdringlich in seiner Geistesschwäche, souverän in seiner Fremdheit gegenüber Menschen und Welt und wartet auf das Urteil.

Über dieses ganze gewaltige Feld von Nebenhandlungen, Verwicklungen und Streichen feiert Musils unwahrscheinlich klare und zugleich etwas hysterisch überdrehte Satire ihre tragischen Triumphe. Seine Methode ist der der gewöhnlichen Satire entgegengesetzt. Er stellt sich nicht so ahnungslos wie möglich, sondern so klug wie möglich, er läßt die Luft aus den ihm begegnenden Phantasmagorien, indem er sie völlig ernst nimmt und sie mit derselben Raserei verfolgt, als wären sie der rettende Strohhalm. Gegen die gewaltigen verbalen Wolkenbildungen der Parallelaktion, gegen eine Kultur, die durch und durch »essayistisch« ist und mit dem Anspruch auftritt, trotzdem Substanz zu besitzen, bietet er keine fertigen Alternativen an. Er hat dem nichts entgegenzustellen, und daraus erwächst seine Verzweiflung, die seine Stärke ist. Daß die Satire mehr als Satire ist, ergibt sich daraus, daß Ulrich gezwungen wird, im Spiel mitzuspielen, ohne eigene Karten in der Manschette versteckt zu haben.

Der Roman ist mit anderen Worten eine einzige riesenhafte Formulierung eines Problems – eines realen Problems. Am Ende des zweiten Teils setzt eine vorläufige Erleichterung ein. Die Bestandsaufnahme der kulturellen Möglichkeiten, der Tradition, des lose umherschwebenden Bildungsgutes, der physikalischen Gesetze und des Glaubens des Geschäftsmannes, daß die Wirtschaft ein wirklicher Teil der Wirklichkeit sei, hat ergeben, daß nichts davon eine Substanz bietet, die es uns ermöglichen könnte, auf selbstverständliche Weise Halt in unserem eigenen Leben zu gewinnen. Ulrichs Vater scheitert bei seinen Versuchen, Moosbrugger und andere Äußerungen menschlicher Unregelmäßigkeit in juristischen Kategorien zu fassen, und Ulrich macht sich auf zu anderen, gefahrvolleren Versuchen, einen selbstverständlichen Ruhepunkt in seinem Leben zu finden, als dem der wohlformulierten Geistigkeit. Die bemerkenswerte, faszinierende Erzählung vom Liebesverhältnis zwischen den Geschwistern beginnt, und man findet neue Spuren von dem, was Musil vielleicht als Lösung des unvollendeten Romans plante. Doch nirgendwo in dem Buch tritt etwas mit dem Anspruch auf, fertig zu sein. *Der Mann ohne Eigenschaften* ist vor allem die Tragödie, daß keine Formulierung die richtige ist.

Mir erscheint Musils Werk in vieler Hinsicht als moderner Roman par excellence. (Und nicht nur als Bild einer zerfallenden Doppelmonarchie.)

Dies beruht nicht so sehr auf seiner Qualität, sondern eher darauf, daß er ein Monument der Schwierigkeiten ist, die ich erkenne, Romanschwierigkeiten, die auch Lebensschwierigkeiten sind.

Die Kritiker Musils pflegen zu sagen: er diskutiert ja nur, es sind ja hauptsächlich Essays. Da passiert nichts – das ist steril. Oder wie es Musil selbst ausdrückt: die Erzählung läuft darauf hinaus, daß das, was erzählt werden soll, nie erzählt wird. Wir warten auf Bilder, auf sichtbare, d. h. klassifizierbare und erklärbare Ereignisse. Der Leser sitzt da mit seinem Bild von der Welt und er erwartet, es komplettiert zu bekommen. Nun gehört es zur Sache, daß das Bild des Lesers von der Welt selbst zusammengeschrieben, zusammengeredet und von dem menschlichen Milieu, das ihn rings umgibt, zusammengesetzt ist. Wenn er glaubt, daß die Welt zu ihm spricht und sich ihm enthüllt, wacht die ganze gewöhnliche zusammengeredete alte Grammatik auf und dreht sich in ihm im Schlaf auf die andere Seite.

Musils Ausgangspunkt könnte man in einem weiten Sinn moralisch nennen. Er sucht nach einem Bild des richtigen Lebens. Das richtige Leben ist das, bei dem man in sich selbst daheim ist und das, was einem geschieht, und das, was man tut, selbstverständlich, berechtigt und wichtiger ist als irgendeine beliebige Zufälligkeit. Wenn er sich nun nach einer solchen Selbstverständlichkeit des Geschehens und Handelns umschaut, macht er dieselbe Entdeckung wie die Parallelaktion: alles zerfällt in Fragmente und Zufälligkeiten. Es ist selbstverständlich, daß er erzählen, daß er mehr fertiges Material der allgemeinen Konversation hinzufügen könnte, aber darum ging es nicht. Es ging ja darum, das Selbstverständliche, die Substanz zu finden.

Musil befindet sich im Zustand der Ironie. Er hat kein vertrauensvolles Verhältnis zu seiner eigenen Sprache, denn sie flößt ihm kein Vertrauen ein. Ihre Bilder sind nur Fragmente einer allgemeinen und unbestimmten Vorstellungsmasse, in der er kein Heimatrecht mehr fühlt. Es bleibt noch die Möglichkeit des ironischen Schriftstellers zu überlegen, zu diskutieren, Essays statt einer Handlung zu schreiben und trotzdem das Ergebnis gerade deshalb Roman zu nennen, weil die Überlegungen genau an der Stelle stehen, wo die fertigen, vertraueneinflößenden großen Szenen in einem Roman gestanden wären, der zu der Selbstverständlichkeit gefunden hatte, die es Musils Ansicht nach nicht mehr gab.

Das doppelt Ironische an dieser Art von modernem Roman ist eben, daß er trotzdem funktioniert. Er funktioniert und kann im besten Fall eine geistige Kraft sein, wie Musils Roman es eben deshalb ist, weil er »ohne Eigenschaften« ist. Er sagt, was er sagen will, aus Trotz gegen die anderen Romane, die selbstverständlichen. Die Ironie kann bewirken, daß ein altes Vertrauen im Roman erhalten bleibt, genau wie die Wortmassen der konkreten Poesie deshalb aufglühen, weil sie mit dem alten Vertrauen in die dichterischen Worte und die dichterischen Formen zusammenstoßen.

Ist aber *Der Mann ohne Eigenschaften* trotzdem ein Meisterwerk? Gewiß, auf eine tragische Weise, wie die Polizei: es ist schade, daß sie existieren muß, es ist aber ein Glück, daß es sie gibt. Es ist ein Meisterwerk als Gegenkonversation zu anderen Meisterwerken.

Es ist bemerkenswert, wie wenig Musils Kommentatoren über den Mörder Moosbrugger zu sagen hatten. Die meisten begnügen sich damit, ihn als Kuriosum zu nennen. Trotzdem glaube ich, daß sich um dieses Motiv einige der wichtigsten Gedanken und Hoffnungen angstvoll bewegen.

Ein ganzer Teil der strafrechtstheoretischen Überlegungen im Roman gehen darauf aus festzustellen, ob ein Mensch für Handlungen verantwortlich gemacht werden kann, die er unter dem Einfluß solcher Wahnvorstellungen begeht, die sein Handeln voll berechtigt machen würden, *wenn* sie wahr wären.

Man ahnt die nächste Frage, und die geht über das Strafrecht hinaus: wie weiß man überhaupt, welche Vorstellungen Wahnvorstellungen sind und welche nicht? Und wenn ein Mensch völlig sicher, völlig selbstverständlich in seinem Handeln ist, ist dann nicht seine Selbstverständlichkeit von der Art wie die Moosbruggers?

Die Hoffnung auf ein selbstverständliches Leben birgt dieselbe fatale Möglichkeit, die Moosbruggers Schicksal verdeutlichen soll. Für ihn besitzt das Leben das maximale Maß an Selbstverständlichkeit, das Ulrich anstrebt, er ist ein Mann mit Eigenschaften, ein Gegenpol und heimlicher Vertrauter seines unbekannten und unendlich fernen Gegenspielers. Hier wird der Roman nicht nur doppeldeutig – es schimmert auch ein tiefsinniger und dunkler Gedanke einer Versöhnung und Gotteskindschaft durch, bei dem die Welt eben so einfach wird wie im richtigen Leben, wo die Ironien überwunden und alle Dinge an ihrem rechten Platz sind.

Es gibt im zweiten Teil eine großartige und bewegende Szene, in der die ganze Musilsche Ironie wie Rauch verweht. Es ist die Stelle, wo der arme geistesschwache Moosbrugger in Erwartung des Todes in seiner Zelle plötzlich eine unerhörte und unerwartete innere Freiheit erlebt. Er ist in der Welt gefangen, aber von ihr nicht mehr abhängig. Als er schließlich eine Form findet, das Erlebnis auszudrücken, so tut er dies mit einer Unschuld, die einen fast einen Augenblick ahnen läßt, wie Musil das Problem erlebte, und die einen noch lange danach träumen läßt, wie eine neue Sprache lauten könnte, eine Sprache, die vertrauensvoll inmitten der Dinge ist, eine Sprache auf der anderen Seite des ironischen Labyrinths.

Und es ist die Stelle, die mich endgültig davon überzeugt hat, daß Musil ein Knotenpunkt in der Landschaft des modernen Romans ist. Es heißt da:

Moosbrugger hatte keineswegs das Gefühl, daß man ihn hinrichten werde; er richtete sich selbst, mit Hilfe der anderen Leute hin: so sah er das, was kommen mußte. Und alles war doch irgendwie zusammengefaßt zu einem Ganzen: die Landstraßen, die Städte, die Gendarmen und die Vögel, die Toten und sein Tod. Er selbst verstand es nicht ganz, und die anderen noch weniger, wenn sie auch mehr darüber reden konnten.

Er spuckte aus und dachte an den Himmel, der wie eine blau überzogene Mausefalle aussieht. ›In der Slowakei machen sie solche runden, hohen Mausefallen‹, dachte er.

Peter Weiss' Torheit und Weisheit

»Heute ruft die ganze Welt bei mir an«, sagte der deutsche Verleger Siegfried Unseld. Es muß im Oktober 1964 gewesen sein, am Tag nach der Uraufführung von Peter Weiss' *Marat/Sade* in Frankfurt am Main. Ich war auf der Frankfurter Messe als Mitarbeiter von Dr. Georg Svensson von Bonniers, als Unseld im Vorbeigehen dies äußerte. Lag ein ganz, ganz kleiner Vorwurf darin?

Bonniers hatte Peter Weiss nicht gleichgültiger als alle anderen behandelt. Der Tag, an dem sich sein Schicksal wendete, war, als ein seit vielen Jahren brillanter schwedischer Kleinverleger, Bo Cavefors, seine Bücher herausbrachte. Erst in diesen Jahren begegnete man ihnen auch in schwedischen Zeitungen mit einer gewissen Achtung, denn man hatte bemerkt, daß einflußreiche deutsche Kritiker wie Hans Magnus Enzensberger und Hans Mayer solche Bücher wie *Abschied von den Eltern* oder *Im Schatten des Körpers des Kutschers* nun ernst nahmen.

Davor war er schlecht und recht geduldet. Seine Zeichnungen und Collagen, die einem kleinen Kreis Eingeweihter bekannt waren, zählten nicht zu dem Zeitpunkt, als die schwedische Malerei noch in großem Umfang Fischermädchen auf Ibiza darstellte. Und mit dem von New York inspirierten abstrakten Terror, der dann ausbrach, stimmte ja seine Kunst auch nicht überein.

Die Bücher las man höchstens in dem einen oder anderen Studentenzimmer in Uppsala. Als er es mit der Welt des Films versuchte und *Schwedische Mädchen in Paris* machte, brach der große Lärm los. Man riet ihm in der Presse, dorthin zurückzureisen, wo er hergekommen war.

Er war deutschsprachiger Jude. Er war über Prag gekommen, seine Eingewöhnung gelang schwer. Er hatte dieselbe Gleichgültigkeit, dieselbe Fremdheit erfahren wie seinerzeit der große Endre Nemes, dessen Kunst als »artfremd« abgelehnt wurde, bis es ihm nach vielen Jahren gelang, einen Schülerkreis in Valands Kunstschule um sich zu sammeln. Nicht einmal einem verbannten Meister wie Tucholsky war es nach fast einem Jahrzehnt geglückt, die bescheidensten Kontakte in Schweden zu bekommen, und dies trotz seiner rührenden Versuche, Schwedisch zu lernen und Fröding ins Deutsche zu übersetzen.

Viele Flüchtlinge aus der Generation zentraleuropäischer Künstler und Schriftsteller – Juden, Kommunisten und andere – mußten dieselbe bittere Erfahrung machen: das schwedische Kulturleben war ein in unvorstellbar höherem Maß abweisendes und geschlosseneres System als es sich offiziell darstellt. Ursprünglich eine höfische Kunst und Literartur, hatte das schwedische Kulturleben die innere Struktur einer Hofkultur mit Hierarchien und Günstlingen, Belohnungen und Ausschluß von Ungewünschten weit über die Zeit hinaus bewahrt, nachdem der Hof nicht mehr ein tatsächlicher Machtfaktor in dem Zusammenhang war.

Hier wurden keine Talente anerkannt, die nicht den Kontrollstempel trugen, und hier war nichts neu und geistreich, was nicht zuvor als solches in Paris beschrieben wurde. Dies war europäische Peripherie, und was man sich erhoffen konnte, war ein Job in der Separator AG und eine zarte Sicherheit vor Ausweisung und Tod, solange sich die Ausländerpolizei wohlwollend zeigte. Darin hat sich bis heute nicht viel geändert. Nur die hie und da vorhandene Bewunderung für Hitler ist – hoffentlich – verschwunden.

Die Uraufführung von Peter Weiss' Drama über den Mord an Marat, dargestellt durch die Schauspielgruppe des Hospizes zu Charenton unter Anleitung des Marquis de Sade, war ein einzigartiger Wendepunkt, wie er nur im Leben einiger weniger Künstler eintritt. Praktisch über Nacht tat Peter Weiss den Schritt von der Unscheinbarkeit des im Exil Lebenden zum großen unumstrittenen Weltruhm. Durch seine geniale doppelte Inszenierung vermied dieses Schauspiel das ganze selbstironische Absterben, das ein sehr bedrückendes Problem des absurden Dramas in dieser Zeit war. Das Irrenhausmilieu ermöglichte ein direktes Anknüpfen an ältere Spielstile, an mittelalterliche und volkstümliche Theaterformen.

In der Gegenüberstellung von dem pedantischen Revolutionär und dem allerersten Dandy, Anarchisten und Lüstling de Sade lag eine ungeheuer fruchtbare Diskussionsmöglichkeit in diesen tastenden und fruchtbaren Jahren, den ersten der großen antiautoritären Studentenbewegung.

Peter Brooks in London machte das Stück zum Welttheater. Und in Rostock wurde es zu leninistischem Theater umgeformt. Weiss bearbeitete das Werk zwischen 1964 und 1965, um sich besser der rein marxistisch-leninistischen Interpretation annähern zu können. Er war nie ein revolutionärer Flüchtling in Stockholm und hegte vielleicht lange deshalb ein Schuldgefühl. Sein eigener Kommunismus begann in den sechziger Jahren. Er selbst setzt seine »Bekehrung« ins Jahr 1961.

Man kann vielleicht ohne Gewaltsamkeit sagen, daß *Marat/Sade* in der fruchtbaren Unklarheit zwischen kommunistischem Dogmatismus und freudscher Ontologie geschrieben ist.

Das Tragische war dabei, daß dieses glänzende Debut auch der Höhepunkt war. Es folgte nun eine Reihe von immer matteren, immer scholastischeren und pädagogischeren Werken. Sein Vietnamdrama, zu diesem Zeitpunkt mit außerordentlicher Aufmerksamkeit aufgenommen und gespielt, war ein Chronikspiel ohne inneres Leben. Sein Schauspiel über Hölderlin enthielt mehr innere Gegensätze, es gelang ihm aber nicht richtig, diese auf der Bühne sichtbar zu machen. Das Eigentümliche war, daß der Mann mit dem genialen dramentechnischen Kniff in *Marat/Sade*, ein Drama in ein anderes hineinzusetzen, nie mehr einen einzigen originellen technischen Griff zu tun imstande war.

Nicht einmal die Form des Verhörs in seinem Drama über den Auschwitzprozeß widerlegt diesen Eindruck. Den Rest seines Lebens schrieb er wie Brecht, oder versuchte so zu schreiben.

Sein Trotzki-Drama ist fast unbegreiflich gradlinig und langweilig. Die Hauptfigur präsentiert sich selbst, ihre Pläne und Geheimnisse ungefähr wie ein Professor an einem Katheder. Weiss' Dramatisierung von Kafkas *Der Prozeß*, ursprünglich von Ingmar Bergman angeregt, wurde außerordentlich dünn, vor allem weil die einzig sinnvolle Anwendung von Kafkas Drama, nämlich auf die totalitären Staatssysteme, vermieden und die

Spitze statt dessen sich gegen die USA und die geheimnisvolle Welt der multinationalen Unternehmen richten sollte.

Eine üble Anekdote aus den sechziger Jahren möchte erzählen, wie Weiss anläßlich eines kurzen Besuchs in den USA bei einer seiner Premieren bereits auf dem Flughafen seinem Agenten in New York flüsternd mitteilt, daß er mit dem Führer der revolutionären Bewegung in den USA zu sprechen wünsche. Vermutlich ist diese Anekdote völlig erlogen.

Es liegt aber etwas tief Unwirkliches und Literarisches in Peter Weiss' Leninismus. Er verleitet ihn hie und da zu beträchtlichen Torheiten, zum Beispiel seine ahnungslose Annahme, daß sein Trotzkidrama imstande sein könnte, eine große sowjetische Diskussion und Überprüfung der ganzen Geschichte mit Trotzki auszulösen. Um nicht von seinen äußerst uneinsichtigen und bedauerlichen Äußerungen über die sogenannten »Bootflüchtlinge« aus Vietnam zu sprechen.

Doch sollte man auch daran erinnern, daß er, als er wirklich Einfluß in Ostberlin hatte, einige Male diesen Einfluß einsetzte, um Haftstrafen für einige Menschen zu verkürzen.

Es gab bei Peter Weiss, wie dies oft bei tief verwundeten Menschen der Fall ist, eine Art Kollaborateurs-Komplex in Jean-Paul Sartres Sinn. Er brauchte eine Macht, um sich daran festzuhalten, er brauchte etwas, das sich unausweichlich als stärker erweisen mußte als alle anderen Mächte und das wir also unterstützen müssen, *auch wenn es manchmal schwerfällt.* Was siegen muß, muß auch auf Dauer recht haben. Eine Identifikation, die bei Intellektuellen dieses Jahrhunderts mit sonderbarer Hartnäckigkeit wiederkehrt.

Diese Einstellung, die natürlich gefährlich und verrückt ist, ging bei diesem Mann – der persönlich ein Muster an Freundlichkeit, Bescheidenheit und höflichem Zuhören allen Menschen gegenüber war – eine sehr tiefe Verbindung mit seinem schuldbeladenen Verhältnis zu den Spanienkämpfern, den revolutionären Flüchtlingen seiner Generation und den Männern der Untergrundbewegungen ein.

Das Werk, das sein letztes sein sollte, das Romansystem *Ästhetik des Widerstands*, ist bedeutend und faszinierend, obwohl es schwerfällig und im Stil akademisch ist und man ihm manchmal nicht leicht folgen kann. Hier *schafft sich* Peter Weiss die revolutionäre Vergangenheit, die er nie hatte.

Natürlich ist es auch etwas sehr Sonderbares mit diesem großen Roman ohne Erotik, ohne Humor, fast ohne gewöhnliche menschliche Gesichter. Er ist in seiner Stilisierung irgendwie ebenso weit vom wirklichen antifaschistischen Widerstandskampf in Europa entfernt wie von der Erotik. Ein kalter Fries, genauso wie der Pergamonfries, der eines der großen Hauptmotive des Romans bildet. Es ist, als ob der Tod, wie ein Marmorbild im milchweißen Licht eines Museums, klinisch über diesem Text schwebte.

Manchmal habe ich das eigentümliche Gefühl, daß Peter Weiss sich diese Gewalt selbst antat anstelle der äußeren Gewalt in Form des Selbstmordes, mit dem Opfer des Nazismus nicht selten auf eine dunkle Weise die Absichten ihrer Henker vollenden.

Weiss erdichtet und träumt sich also in diesem Roman ein revolutionäres Idealleben, das zugleich eine alternative Ästhetik verkörpern soll, deren Inhalt jedoch wohl nie recht klar wird.

Verglichen mit der billigen *Nachproduktion von Ideologie*, der Schriftsteller Deutschlands wie auch Skandinaviens heute in überraschendem Umfang offensichtlich in Form von Feminismus, Friedensbewegung und grüner Welle zum Opfer gefallen sind, ist dieses Buch ein tief beeindruckendes Werk, weil es alles *noch einmal durchdenken will.*

Er webt diese geträumte Vergangenheit zusammen aus einem Meer genauer und mühsam eingeholter historischer Detailforschung aus der Zeit der Spanienkämpfer, der revolutionären Widerstandszellen, der Moskauer Prozesse und der deutschen Gefängnisse. (Ich glaube, es kommt der Wahrheit ziemlich nahe, daß Peter Weiss ein Schriftsteller war, der sich buchstäblich zu Tode gearbeitet hat, was sicher mit seiner Erfahrung zu tun hatte, so spät mit dem angefangen zu haben, was er tun wollte.)

Und alles in der sonderbaren Absicht, gleichsam einen Sowjetkommunismus zu verteidigen, der offensichtlich versagte durch seine Falschheit gegen die spanischen Anarchisten, durch den

Ribbentropp-Pakt, durch die sibirischen Skavenlager und die Massenmorde an Andersdenkenden, der die ganze Zeit seine eigenen Helden oder Märtyrer täuschte. Moskauprozeß oder nicht: die Macht, die siegen soll, muß irgendwie recht haben. So lehrte bereits Hegel.

Der Widerstandsroman, der trotz seines Namens eigentlich von Unterwerfung, nämlich unter die sowjetische Dogmatik handelt, ist, wie sein ganzes Werk nach 1964, von dem nie gelösten Widerspruch zwischen den »surrealistischen« Idealen seiner Kunst und seinen verzweifelten Versuchen geprägt, den fremden Körper mit unerbittlichen Forderungen nach Disziplin und Unterordnung, die der Marxismus-Leninismus darstellte, zu behandeln.

Diesen Kampf bezeugen in faszinierender Weise seine Tagebücher, überraschend intim, nackt und mit einer Dramatik, die oft die späteren Dramen darin übertrifft.

Hier lernen wir einen weniger angespannten Peter Weiss und einen deshalb viel interessanteren Schriftsteller kennen. Seine politischen Überlegungen über die parlamentarische Demokratie, über die USA, ja auch über Schweden erheben sich kaum über das Niveau eines Pamphlets.

Aber wie interessant ist es, wenn er zu erzählen anfängt!

1971 reist er nach Ostberlin in dem Gefühl, daß es weder im Westen noch im Osten einen Platz für seine Dramen gibt, nachdem er sich mit dem Trotzkistück unmöglich gemacht hat, und *verhandelt* im Gästehaus des Zentralkommittees nachmittags zwei volle Stunden mit den Chefideologen Hager und Abusch über eine Wiederaufnahme der freundschaftlichen Beziehungen. Ein fast parodistisches Feilschen zwischen Standpunkten bricht aus. Trotz des Ernstes und des totalen Wahnwitzes, in dieser Weise mit einem Künstler zu verhandeln, kann ein schwedischer Schriftsteller, der dies liest, nicht umhin, ein wenig zu lächeln. Wo in der schwedischen Kulturverwaltung könnte man zwei Beamte finden, die imstande sind, ein schwedisches Werk unserer Zeit *ideologisch* zu diskutieren?

In seiner besten Form ist Weiss als Augenzeuge mit einem kühlen, exakten Beobachtungsvermögen, das einem plötzlich die

Erinnerung daran leicht macht, welch ausgezeichneter Maler dieser Mann tatsächlich war. Er besucht den kranken, zurückhaltenden Lyriker Lindegren an dessen Lebensende:

»Lindegren (der schwedische Dichter) in verpißten, verschissenen Laken. Slang vermischt mit hymnischer Poesie. Macht mich mit Hölderlin bekannt.«

Oder er porträtiert einen Theaterleiter:

»E. J. Leiter des Dramatischen Theaters, hochbegabt, ›sympathisch‹, aber seine Persönlichkeit separiert von seiner Berufsausübung. Fremdheit gegenüber der Arbeit macht ihn auf der einen Seite zum Mithelfer der reaktionären Kräfte, auf der anderen Seite zu einem, der privat ›leidet‹.«

Das wunderbare Eigenleben, das solche Notizen haben, macht dieses kleine Buch zu einem Erlebnis. Man glaubt einen Freund zu treffen, und alles, was er glaubt und sagt, ist ein einziges gewaltiges Mißverständnis, das rasch wieder geklärt sein wird.

Die rätselhaften Hindernisse

1.

Die rätselhaften Hindernisse heißt ein kleines Stück für Cembalo von François Couperin le Grand, dem Hofkompositeur Ludwigs XIV. Ich denke oft an dieses Musikstück, wenn von persönlicher Entwicklung und Veränderung die Rede ist. Eine kleine Melodie möchte zwischen den Tonarten hindurch ins Freie klettern, aber wie sie es auch anstellt, kehrt sie offenbar stets wieder zu ein und derselben Tonart zurück.

Es ist wie in einem Labyrinth, in dem sämtliche Gänge zu ein und demselben Raum zurückführen. August Strindberg hat, auf eine andere Weise, von solchen Labyrinthen geschrieben, am deutlichsten vielleicht im *Traumspiel*, wo die Hauptpersonen, was immer geschieht, gleichsam zurückprallen und stets aufs neue im Klassenzimmer landen. Das ist genau die gleiche Struktur wie in Meister Couperins kleinem Stück, und eine vertraute Erfahrung für jeden Menschen, der auf die eine oder andere Art mit Problemlösungen gekämpft hat, und sei es auch nur in der einfachsten Form: wie man als Pilzsammler wieder aus dem Wald herausfindet. Jerome K. Jerome, der englische Humorist des 19. Jahrhunderts, hat einmal in *Drei Mann in einem Boot* auf hinreißende Art eine solche Erfahrung mit dem Labyrinth geschildert.

Wir befinden uns in dem weitverzweigten Gartenlabyrinth von Hampton Court, und ein Herr namens Harris, einer der Helden dieses Romans, hat erklärt, es sei kinderleicht, aus dem Labyrinth herauszufinden, wenn man sich nur an ein Grundprinzip halte: nämlich immer nach rechts abzubiegen. Einige andere Leute, die allmählich die Hoffnung aufgegeben haben, noch vor dem Abend herauszukommen, schließen sich der Gesellschaft an:

Harris schätzte die Zahl seines Gefolges auf mindestens zwanzig, und eine Frau mit einem kleinen Kind, die schon seit dem frühen Morgen den

Ausgang suchte, bestand darauf, ihn um seinen Arm zu bitten, aus Furcht, sie könne ihn wieder verlieren.

Harris hielt sich beständig nach rechts, aber es schien doch ein langer Weg, und seine Base meinte, es sei immerhin ein großes Labyrinth.

»Ja!« sagte Harris, »eines der größten in Europa.«

»Es muß wohl so sein«, sagte die Base, »denn wir sind jetzt schon eine gute halbe Stunde herumgeirrt.«

Harris selbst fing an, es seltsam zu finden, aber er schritt noch immer tapfer vorwärts, bis seine Kusine beim Anblick einer am Boden liegenden halben Semmel schwor, daß sie die schon vor etwa sieben Minuten hier habe liegen sehen! Harris sagte: »Oh! Das ist unmöglich!« Aber die Frau mit dem Kinde bestätigte es, indem sie hinzufügte, daß sie selbst sie dem Kinde weggenommen und hier hingeworfen habe. Sie klagte laut und wünschte, ihm niemals begegnet zu sein, und hielt ihn für einen offenbaren Betrüger! Jetzt wurde Harris wütend, zog seine Karte heraus und setzte seine Theorie auseinander.

»Die Karte mag ganz richtig sein«, warf nun einer ein, »wenn Sie uns nur sagen könnten, auf welchem Punkt derselben wir jetzt sind?«

Dies ist eine durchaus nicht unbegabte Studie in der Psychologie der Menschenführung, zudem aber auch eine geistreiche Beschreibung der Art, wie die rätselhaften Hindernisse erfahren werden können.

Die großen Religionen interessieren sich aus natürlichen Gründen mehr als alle anderen Zivilisationsphänomene für die individuelle Veränderung, für den Aufbruch und die Befreiung aus der Gefangenschaft, wie man es vielleicht nennen könnte. Und charakteristisch dafür ist wohl, wie ihre Rituale anscheinend immerzu danach streben, jede individuelle Wandlung, jede Veränderung zu etwas Endgültigem zu machen. Es soll keinen Weg zurück geben. Die Taufe, bei der der Täufling ursprünglich so tief ins Wasser getaucht wird, daß sie sich als eine Art symbolisches Ertrinken deuten läßt. Das Gefäß, das beim Hochzeitsritual zerschlagen wird, um zu zeigen, daß die Abmachung unumstößlich ist – man könnte einen langen Katalog von solchen symbolischen und rituellen Handlungen aufstellen, die dazu dienen, eine Rückkehr zur selben Stelle unmöglich zu machen.

Ein Aufbruch soll endgültig sein. Eine Veränderung, die uns wieder zum Ausgangspunkt zurückführt, ist keine Veränderung. Was ist es, das uns gefangenhält?

Der winterliche Autofahrer, der im Morgengrauen den Motor nicht in Gang bekommt, neigt dazu, hilflos den Anlasser immer wieder durchdrehen zu lassen, bis die Batterie erschöpft ist. Der in seinen Doktrinen gefangene Politiker neigt dazu, immer wieder mit demselben kümmerlichen Resultat das gleiche Paket von Stützmaßnahmen für den Arbeitsmarkt zu erproben, ohne zu erkennen, daß auch seine Mittel bald ausgeschöpft sind. Der Alkoholiker durchläuft seinen kleinen Zyklus von Reue und erneutem Rausch. Gemeinsam ist dem winterlichen Autofahrer, dem Arbeitsmarktpolitiker und dem Alkoholiker natürlich die Unfähigkeit zu erkennen, daß sie etwas Neues ausprobieren müssen, statt dem Problem immer mehr vom Gleichen hinzuzufügen, ungefähr wie Harris in Jeromes Erzählung dem Labyrinth immer mehr von seiner Rechtsabbiegermethode hinzufügt, ohne sich damit anzufreunden.

Was die alten Riten der Wiedergeburt, der Verwandlung und des Aufbruchs begriffen haben, ist, daß es Situationen gibt, in denen es nicht hilft, mehr vom Gleichen zu erproben, in denen es vielmehr notwendig ist, einen *nächsten Schritt* zu tun. Und dieser nächste Schritt ist kein weiterer Schritt innerhalb des Systems, sondern ein Schritt *heraus aus* dem System.

Bei Kierkegaard ist das der »Sprung«. »Ein Bild hielt mich gefangen«, heißt es in einer bewundernswerten Formulierung von Ludwig Wittgenstein.

Die älteste Form eines elektrischen Kondensators ist die sogenannte Leidener Flasche. Sie besteht aus einer gewöhnlichen Glasflasche, die innen und außen mit einer Metallfolie verkleidet ist. Eine Messingstange stellt die Verbindung mit dem Inneren der Flasche her.

Warum eine Flasche?

Weil diese Apparatur zu einem Zeitpunkt entsteht, an dem die Elektrizität noch immer ein Fluidum, eine Flüssigkeit ist, die durch die Leitungen *strömt* und in die Leidener Flasche abgefüllt werden kann. Erst mit der Zeit erkennt man, daß dieses Flüssigkeitsmodell durch etwas anderes ersetzt werden kann, und daß infolgedessen das Wesentliche an der Leidener Flasche nicht die Flasche ist, sondern die Tatsache, daß das Glas die beiden Metallfolien trennt, wodurch ein Potentialunterschied zwischen Innen und Außen entsteht.

Es könnte, glaube ich, sehr ergiebig sein, die gesamte Geschichte der modernen Naturwissenschaft unter diesem Aspekt zu betrachten: ein Bild hielt uns gefangen. Interessanter jedoch als die Gefangenschaft in einem Bild ist natürlich die Befreiung davon. Im Mittelalter beruht die Astronomie insgesamt auf die eine oder andere Art auf der Vorstellung, daß ein Ding das andere nicht beeinflussen kann, wenn es nicht irgendeine Verbindung zwischen ihnen gibt. Ein Bild hält die Astronomen gefangen, und erst als Kepler und Newton beginnen, die Fernwirkung ernstzunehmen, das heißt, sich von dem Bild der Schnur befreien, die die Hand des Jungen mit dem Jojo verbindet, werden die Bewegungen der Himmelskörper begreiflich und berechenbar.

Einstein bricht aus einem anderen Bild auf, in dem Zollstöcke und Stoppuhren mit ihren Meßergebnissen stets konstant bleiben müssen, in einer Welt, wo alle anderen Parameter veränderlich sind. Er läßt sie variieren und ist imstande, Phänomene zu erklären, die nie zuvor erklärt werden konnten.

Ein Bild von der Welt hält uns nur allzu oft dergestalt gefangen, daß es uns daran hindert, ein tieferes Verständnis der Welt zu gewinnen.

Aber ist es nicht viel interessanter, die Frage zu stellen, inwiefern uns ein Bild gefangenhält, das wir uns von uns selber machen und das uns daran hindert, aus mancherlei Lähmungen oder systematischen Irrtümern auszubrechen.

Dieses Bild kann individuell und von den Eigenheiten des einzelnen geprägt sein, es gibt aber auch öffentliche, verallgemeinerte Bilder vom Menschen, die sicherlich systematisch irreführend sind.

Zu den am weitesten verbreiteten irreführenden Bildern zählt tatsächlich, wie ich glaube, dasjenige, das hinter Begriffen wie »Selbstverwirklichung« steht. Darin ist angedeutet, daß es für jeden Menschen eine Norm, eine Art Essenz gibt, die er verwirklichen oder deren Verwirklichung ihm eventuell mißlingen kann, ungefähr wie es einem Baumeister mehr oder weniger gut gelingen kann, die Absichten des Architekten zu verwirklichen. Aber ist dieses platonische Bild nicht, wie das meiste, was uns von Platon überliefert ist, irreführend?

Hätte ich mich tatsächlich nicht selbst verwirklicht, wenn ich nicht Dichter geworden wäre? Ist es völlig ausgeschlossen, daß ich mich als Gärtner, Diplomkaufmann oder Aquarellist hätte verwirklichen können? Bin ich nicht im Grunde genau als derjenige wirklich, der ich bin, und mit den Eigenschaften, die ich tatsächlich habe? Die Idee der Selbstverwirklichung ist lähmend und schädlich, weil sie uns weismacht, es gäbe eine idealische Entwicklung in unseren Aktivitäten, unseren Leben, die wir um jeden Preis realisieren müssen, während es in Wirklichkeit viel interessanter ist, ob wir etwas zu realisieren vermögen, was uns eigentlich gar nicht nahe lag. Ein Mensch ist viel zu umfassend, als daß er sich je verwirklichen könnte.

Ein anderes Bild, das uns bindet: täglich und stündlich bekommen wir zu hören, aus verschiedenen politischen Gründen, auf die ich hier nicht weiter eingehen kann, daß es »starke« und »schwache« Gruppen in der Gesellschaft gäbe. Was macht dieses Bild, in seiner eigentümlichen Eindimensionalität, mit den Menschen, die für »schwach« gehalten werden?

Schwächt es sie oder stärkt es sie?

»Ein Gefühl, fast eine Gewißheit,
daß alle Menschen,
auch die dummen,
in Wirklichkeit viel mehr wissen
als sie jemals sagen könnten.
Es gibt eine Welt jenseits der Ansichten.
Es gibt ein stummes Wissen
das nicht von der Unwissenheit zu trennen ist.
Auf die gleiche Art wie es
Augenblicke gibt, in denen man nicht unterscheiden kann
ob ein Haus gebaut oder abgerissen wird.
Zwischen Bauen und Abreißen
gibt es, unsichtbar, einen Unterschied.

Zwischen Dummheit und Klugheit
gibt es auch etwas Unsichtbares,
das keins von beiden oder beides ist.
Es gibt keine andere Gleichheit als diese,
alles andere ist Schöntuerei und Lüge:
es gibt keinen Menschen, so linkisch,
so hölzern, so mißraten, so verquer,
daß die Welt nicht den einen Augenblick,
die einzigartige Situation hervorbringen könnte,
die dieser Mensch allein beherrscht.«

(1982)

2.

Sich vom Zwang eines Bildes befreien, ein Problem auf einem anderen Niveau lösen als dem, auf dem eben noch alle Lösungsversuche scheiterten; es gibt viele Möglichkeiten, dies auszudrücken, was man mit einem etwas vagen Ausdruck als kreatives Verhalten zu bezeichnen pflegt.

Es hat Versuche gegeben, eine Ähnlichkeit zwischen Poesie und kreativem Denken zu sehen, und ich glaube, in diesem Vergleich steckt ein wahrer Kern. Die Poesie ist eine Form des Diskurses, um ein elegantes französisches Wort aus der modernen Debatte zu verwenden, eine Form des Diskurses, die mehr Freiheitsgrade besitzt als der Seminarbericht, das Protokoll oder der wissenschaftliche Aufsatz. Die Poesie braucht deswegen logisch nicht weniger zusammenhängend zu sein als Texte anderer Art – das ist ein Irrtum, auf den wir allzu oft stoßen – aber sie läßt zu, daß Begriffe Kombinationen eingehen, die üblicherweise nicht erlaubt sind.

Wenn Tomas Tranströmer Schweden im Dezember mit einem an Land gezogenen, abgetakelten Schiff vergleicht, oder, um ein etwas schockierenderes und gerade deshalb interessanteres Beispiel zu nehmen, wenn Charles Baudelaire das Summen der Fliegen im aufgedunsenen Kadaver einer Kuh mit Kammermusik vergleicht, dann geschieht etwas, das dem Aufbruch aus dem einen und dem Übergang in ein anderes Bild sehr nahekommt.

Was hindert uns eigentlich daran, die Fähigkeit des Kindes zu solchen Kombinationen zu behalten, was hemmt unsere Phantasie? Bilder, habe ich gesagt, aber das ist natürlich keineswegs eine Erklärung, sondern nur ein Schritt auf dem Weg der Erklärung. Schließlich kann man ja immer fragen, warum einige Menschen sich zu ihren Bildern freier verhalten können als andere.

»Sich etwas einfallen lassen«, dieser Ausdruck fängt auf sehr feine Art jenes Element der *Gnade* ein, des glücklichen Zufalls, des wie von außen kommenden Geschenks, das mit allen wirklich guten Ideen verknüpft ist. Es kommt zu uns, aber wir müssen zulassen, daß es kommt. Es hat etwas zutiefst Beunruhigendes, der eigenen Eingebung die Tore zu öffnen, und zwar sehe ich weniger als Freud und die Freudianer den Grund darin, daß Wünsche aus dem Unterbewußtsein hochsteigen und Triebkonflikte manifest werden, sondern vielmehr darin, daß es stets die Festigkeit und den Zusammenhang der Welt bedroht, wenn man sich selbst eingesteht, daß man ein und dieselbe Welt auf vielerlei Arten betrachten kann. Die Angst vor dem Chaos verbietet es uns, unseren eigenen Ideen die Tore zu öffnen.

Das Grauen davor, die Tore der Eingebung zu öffnen, ist nach meiner Erfahrung eher philosophisch und metaphysisch bedingt als tiefenpsychologisch.

August Strindberg, den wir also ein zweites Mal durch unser Räsonnement spuken lassen, hat einmal bemerkt, daß das Stiefmütterchen eine Löwenmaske trage.

Ist das richtig oder falsch? Was bedeutet es?

Eines ist gewiß. Wer diesen Vergleich einmal gehört hat, kann nie mehr vergessen, wie ein Stiefmütterchen aussieht. Vielleicht ist es im Grunde genommen so, daß jede Erinnerung, jeder Begriff eine Metapher verlangt? Daß unsere unmittelbare Wahrnehmung der Welt ein weißes Blatt Papier ist, das in der Mitte gefaltet werden muß, so daß jeder Punkt seine Entsprechung findet, damit wir eine Welt sehen können?

Für einen kurzen Augenblick dieses Blatt wieder entfalten, ihm erlauben, wieder in seiner erschreckenden Weiße und Leere zu erscheinen, das ist es, glaube ich, was in den schöpferischen Momenten geschieht.

Aus dem Schwedischen von Verena Reichel

Über Heraklits Kunst und Denken

»Unendlich tief ist der Brunnen der Vergangenheit«, sagt Thomas Mann am Anfang seiner Josephsromane.

Wenn es um Texte geht, mag es näherliegen, anstelle des Brunnens sich einen Trichter zu denken. Wer weitschweifige Talmudkommentare des klassischen Typs gesehen hat, versteht, was ich meine. Im Zentrum der Bibeltext, überraschend kurz, mit großer Schrift gesetzt. Dann der Kommentar in kleinerer Schrift als Umrandung, und auf deren Rand die Texte, die den Kommentar hinunter bis ins vierte oder fünfte Glied auslegen wollen.

Wenn wir uns einen Urtext denken, der ganz oder teilweise aus dem Zentrum verschwunden ist, und ständig neue Kommentare unterwegs über den Trichterrand, dann haben wir ein Bild, das recht anschaulich die Natur der Jahrtausende hindurch andauernden humanistischen Arbeiten zeigt.

Erst im Kontakt mit den allerältesten Texten sehen wir, daß es sich so verhält.

Über Heraklit wissen wir fast nichts. Sein Leben fällt in großen Zügen mit der Lebenszeit des Darius zusammen. Er war Bürger von Ephesos an der kleinasiatischen Küste nördlich von Milet. Sein Vater hieß Bloson.

Die Anekdoten, die Diogenes Laertios, diese Klatschbase der antiken Philosophie, über ihn zu berichten hat, und besonders die ziemlich geschmacklose Geschichte von seinem Tod in einem Misthaufen, in den er sich eingräbt, um Heilung einer rheumatischen Erkrankung zu finden, sind unsicher.

Von den 125 erhaltenen Fragmenten sind höchstens 89 wörtliche Zitate; die allermeisten Zitate stammen von zwei christlichen Bischöfen, Clemens von Alexandria und Hippolytos von Rom, die im dritten Jahrhundert nach Christus schrieben.

Es ist ein faszinierender Gedanke, daß Clemens möglicherweise noch ein Buch von Heraklit, oder besser gesagt, Heraklits Buch in seinen Händen hatte. Von einem solchen ist indessen keine Spur erhalten. Die Überlieferung sagt, daß Heraklit das

Buch als eine Art Opfergabe in dem gewaltigen Dianatempel zu Ephesos niedergelegt haben soll, der wichtigsten griechischen Stadt Kleinasiens, seit Milet am Anfang des fünften Jahrhunderts von den Persern zerstört worden war. Es war eine reiche, kultivierte Handelsstadt, Erbin der naturphilosophischen Überlieferungen Milets. Im Inneren dieses gewaltigen Tempellabyrinths befindet sich eine kleine, unscheinbare Gestalt an einem Feuer von Olivenholz, umgeben von einigen wenigen Zuhörern, wie ein sehr viel späterer Philosoph, Friedrich Nietzsche, ihn sich gern vorstellt.

Die Unmöglichkeit, das herakliteische Buch zu rekonstruieren, führte Hermann Diels 1901 dazu, die Fragmente in einer Weise anzuordnen, die seitdem die gebräuchliche ist. Anstatt den Versuch zu machen, eine Ordnung wiederherzustellen, die hoffnungslos verloren zu sein scheint, ordnete er die Fragmente alphabetisch nach dem Anfangsbuchstaben des Verfassers, der das Fragment zitiert. Dies war, wenn man so will, eine *randomization*, und das Resultat war eindrucksvoll. Es sah typisch für die Zeit aus: es lag nahe, eine Ähnlichkeit mit den philosophischen Aphorismen des immer aktueller werdenden Friedrich Nietzsche zu sehen. Hatte Heraklit etwa keinen tiefen Einfluß auf Nietzsche, ungefähr wie er ihn einst auf Hegel ausgeübt hatte?

Im allgemeinen Aufschwung der griechischen Philosophiegeschichte in jenen Jahren, der in hohem Maß von Cambridge inspiriert war, wo Forscher wie G. E. L. Owen und Geoffrey Lloyd praktisch in nur einem Jahrzehnt unsere Sicht des Verhältnisses zwischen griechischer Wissenschaft und Philosophie von den Hippokratischen Schriften bis Aristoteles verändert haben, blieb auch Diels von Einwänden nicht verschont.

Es gibt zwei neue Ausgaben der herakliteischen Fragmente, die beide von großem Interesse sind. Die eine stammt aus Italien und wurde von dem italienischen Philosophen und Nietzsche-Experten Giorgio Colli im ersten Band des Werkes *Sapienza Grecca* zusammengestellt, das elf Teile umfassen sollte, nach dem allzu frühen Tod des Herausgebers 1979 abgebrochen wurde und nun in drei vorliegt. Es ist ein schöner Text, nicht zuletzt durch Collis sehr poetische Übersetzung, vielleicht aber auch etwas abenteuerlich.

Es gibt zum Beispiel ein Fragment, das 28. bei Diels, bei dem man manchmal Heraklit als Vorläufer von Descartes' noch berühmterem »Ich denke, also bin ich« sieht, das seinerseits in der Renaissance von Tommaso Campanella und Bernardo Telesio vorweggenommen ist. Dieses Fragment lautet in den meisten Übersetzungen: »Ich ging, um mich zu suchen.« Colli übersetzt ganz faszinierend: »Ich ging, um mich zu dechiffrieren.«

Charles H. Kahn unternimmt in *The Art and Thought of Heraclitus. An edition of the fragments with translation and commentary* (Cambridge University Press 1979) – einem außerordentlich gut kommentierten und durchdachten Werk – einen Versuch, das Unmögliche möglich zu machen: die Fragmente in ihrer ursprünglichen Ordnung in Heraklits Buch anzuordnen.

Es ist eine faszinierende Lektüre.

Wovon handelt dieses Buch?

Bevor wir auf die Frage eingehen, ist es vielleicht sinnvoll, darauf hinzuweisen, daß der Heraklit, auf den wir heute überraschend oft stoßen – in modernen Diskussionen über Lebensanschauung, bei neuen französischen Philosophen und bei zeitgenössischen Dichtern –, im wesentlichen Nietzsches Heraklit ist. »Der Charakter eines Menschen ist sein Schicksal« – »Der Kampf ist der Vater aller Dinge und Herrscher über alle Dinge«: solche Fragmente sind für Nietzsche bedeutungsvoll. Heraklit ist ein Gewährsmann für Nietzsches radikalen erkenntnistheoretischen Skeptizismus, der Philosoph, der gesagt hat, daß man nicht zweimal in denselben Fluß steigen könne (Diels 51), sieht die Welt auch nicht als eine geordnete Welt an, sondern als etwas, das in Streit mit sich selbst liegt und das das Feuer als sein Urprinzip hat.

Dies muß keine Fehldeutung sein, ist aber nicht der ganze Heraklit. Den ganzen Heraklit werden wir nie verstehen.

Die jonische Naturphilosophie ist von zwei großen Problemen besessen: Veränderung und Ordnung. Man könnte sagen, daß der Tod ihre Mutter und die Einsamkeit ihr Vater ist. Auf folgende Weise nämlich: die Erfahrung, daß der Mensch zum Ding wird und aufhört, das zu sein, was er war, stellt die Frage, und die Entdeckung der eigenen Vernunft und seiner Einsamkeit in der Natur versucht die Antwort zu geben. Gibt es eine Ordnung, ein *Prinzip*, das über die Veränderung bestimmt? Ein *Gesetz* scheint ja die Veränderungen der Himmelskörper zu steuern. Heraklit ist rätselhafter als die Naturphilosophen im allgemeinen, und eine der Ideen Kahns ist, daß er im Grunde genommen nicht ihre Interessen teilte.

Ähnlich wie Diels sieht Kahn »ich ging, um mich selbst zu suchen« als Ausgangspunkt. Der Philosoph hat seiner Meinung nach eine Strukturgleichheit zwischen der inneren, persönlichen Welt des Bewußtseins und der großen kosmischen Ordnung des Universums erkannt:

»Die Lehren vom Feuer, der kosmischen Ordnung und den Verwandlungen der Elemente sind mehr als nur Illustrationen; sie sind aber nur insofern bedeutungsvoll, als sie eine tiefere Wahrheit über die Einheit der Gegensätze enthüllen, eine Wahrheit, deren erste Anwendung für die Menschen in einem tieferen Verständnis ihrer eigenen Erfahrung von Leben und Tod, Schlafen und Wachen, Jugend und Alter liegt.«

Ähnlich wie viele neue Erklärer antiker Philosophie hat also Kahn die Neigung, von »rohen« physikalischen Interpretationen zu subtileren, »logischeren« überzugehen. Es ist ein wenig lustig zu sehen, daß er trotzdem nicht ganz konsequent ist.

Wenn die fundamentale Entdeckung, die Heraklit macht, die auf dem eigenen Bewußtseinsstrom basierende Entdeckung ist, daß ein und dasselbe ein und dasselbe sein und trotzdem nicht sein kann, wird nun ein oft lächerlich gemachtes Fragment wie Diels 47 »Die Sonne hat die Größe eines menschlichen Fußes« verständlich als ein Ausdruck des Gedankens, daß etwas nur im Verhältnis zu etwas anderem groß oder klein ist, ein Gedanke, der durch seine interessante Ähnlichkeit mit Anaxagoras' Grundgedanken, daß alle Eigenschaften Beziehungseigenschaften sind, eine interessante Perspektive nach vorn bieten sollte. Kahn begnügt sich damit, das Fragment als »Gedankenexperiment« zu bezeichnen.

Welch gewaltiges Deutungsfeld seine Auffassung trotzdem eröffnet, geht wohl am besten aus dem jähen Lichtschein hervor, den sie über das wunderbare Fragment 90 (Diels), großartig in seiner dunklen Schönheit und erschütternd in seiner Vorwegnahme der ganzen folgenden Diskussion bis Freud, wirft:

»Der Mensch zündet sich in der Nacht ein Licht an, wenn er gestorben ist und doch lebt. Er berührt den Toten im Schlummer, wenn sein Augenlicht erloschen: im Wachen berührt er den Schlummernden.«

Denkt Heraklit, daß alle diese drei Körper, der, der das Licht anzündet, der, der schläft und der tote Körper jenseits des Schlafes ganz tief gesehen in ein und demselben Körper anwesend sind?

Es gibt einen Scheideweg der modernen Philosophie, der sich irgendwo in der Nähe von Ernst Mach befindet, wo sich die Philosophie zu entscheiden scheint, daß sie etwas anderes ist als die Physik. Eigentlich ist die Tradition älter: bereits in der Art der englischen Empiristen, mit der Welt in Form von *unmittelbar gegebenen* Qualitäten (was bei Leibniz undenkbar gewesen war) umzugehen, beginnt diese Entwicklung.

Die Zeichen häufen sich, daß sich diese Scheidung als unhaltbar erweist. Eines dieser Zeichen ist die Einsicht, die sich jetzt offenkundig gleichzeitig an verschiedenen Stellen in der Welt und bei Philosophen mit recht unterschiedlichem Temperament verbreitet: *es gibt keine anderen Fragen als die Fragen der Griechen.*

Eine Art, die Zeit zu betrachten

Wenn sowohl Zeit wie Raum offengelassen werden, wissen wir nichts. Um zu wissen, daß ein Ort zu einem anderen Zeitpunkt anders aussah, müssen wir wissen, daß es derselbe Ort war, und um zu wissen, daß etwas, das wir wahrnehmen, zwei verschiedene Orte sind, müssen wir wissen, daß sie zum selben Zeitpunkt wahrgenommen werden.

Unser Zeiterleben ist unauflöslich mit unserm Raumerleben verknüpft, und alle Zeit ohne Räumlichkeit, wie die der Träume, ist fiktiv.

(So kann man Freuds Gedanken, daß das Unterbewußtsein nichts von einer Zeit weiß, einen tieferen Sinn geben. Das Gedicht, das Musikstück, das Ölgemälde spielen sich alle sicherlich in der Zeit ab, sind nach außen zu der Zeit in Beziehung gesetzt, wissen aber auch nichts von einer inneren Zeit. Es gibt z. B. nichts in Pissarros Bild einer Straße in Paris, das darauf hindeutet, wo und wann *das Gemälde* existiert, nur wo *das Bild* sich befindet, seine Lokalisierung ist also eine Lokalisierung in einem fiktiven, einem inneren Raum.

Daran ist nichts Sonderbares. Das Wissen, daß ein Gegenstand, sagen wir ein Elephant aus Porzellan, größer ist als eine Fliege aus Porzellan und ebenso viel größer, wie ein Elephant größer zu sein pflegt als eine Fliege, sagt nichts über die absoluten Proportionen der beiden Gegenstände aus.

Um etwas anderes als fiktiv zu sein, muß Zeit zu unserer Wirklichkeitserfahrung als ganzer in Beziehung gesetzt sein.

Ist diese auch fiktiv relativ ein noch größerer Zusammenhang?

Die eleatischen Philosophen, aber auch ein moderner Denker wie Andries MacLeod bejahten dies.)

Ich reiße die Korkmatten in einem alten Haus ab und gehe wie ein kleiner Archäologe Schicht um Schicht vor. Hier ist die moderne Plastikmatte, die die Familie Andersson legte, sie nagelten sie auf die Pappe, die über Familie Sigemans grünliche, mit Mustern der sechziger Jahre versehene Matte gedeckt war. Und hier ist die alte Korkmatte vom Ende der dreißiger Jahre, noch aus richtigem Kork gemacht. Darunter die proletarisch gelbe, die den neugelegten Holzboden vor grobem Schuhwerk und hereingebrachtem Schnee schützen sollte: damals waren hier noch Arbeiterviertel, und das Abschleifen von Fußböden hatte man noch nicht erfunden.

In diesem Erlebnis – das natürlich ein Erlebnis von Zeit ist – sind zwei verschiedene Momente vorhanden.

Das eine ist die Erfahrung von Abstand, genau wie das Raumerleben eng mit Abstand verknüpft ist. Die Epoche der gelben Matte ist weiter in der Zeit entfernt als die des spätesten Bodenbelags. Das Maß dieses Abstands sind alle Schichten zwischen der ältesten Schicht und der jüngsten.

Zeit besteht darin, daß dieser Abstand mehr oder weniger lang sein kann. Dies ist die metrische Art und Weise, die Zeit zu betrachten.

Aber eingeschlossen in der Summe Eigenschaften, die die Zeit zu einer metrischen Menge machen, liegen die einfacheren und primitiveren Eigenschaften, die sie zu einer topologischen machen:

Zeit besteht auch darin, daß die Schichten in einer bestimmten Ordnung und nicht in einer beliebigen Ordnung liegen.

(Wenn ich Korkmatten in einer andren Ordnung gelegt finden würde, müßte ich den Schluß ziehen, daß sie aus einem anderen Zimmer stammen.)

Die metrische Eigenschaft der Zeit wird in der Physik von Uhren dargestellt, wobei die modernsten Uhren schwingende Atome sind. Das Prinzip ist immer dasselbe: ein unbekannter Handlungsverlauf wird auf einem gleichmäßigen und exakt bekannten abgebildet, genau wie ein Zimmermann den gleichmäßig eingeteilten und bekannten Zollstock auf das unbekannte Brett legt. Eine Messung kann nie mehr mitteilen, als auf dem Zollstock steht, und einige Philosophen, z. B. Bergson, haben dies hervorgehoben. Aber es ist nicht bemerkenswerter, wenn es um Zeit geht, als wenn es sich um Raum dreht.

Daß Begebenheiten (sagen wir die Begebenheiten eines einzelnen Lebens) in einer bestimmten *Ordnung* angeordnet liegen, ist genau genommen viel interessanter.

»Es ist absurd zu glauben, daß sich die Wirklichkeit als Ganzes verändern könnte«, sagte Andries MacLeod in einem frühen Werk. Er meint da die Ordnung, in der die Schlacht bei Cannae vor der bei Poitiers kommt, Poitiers aber vor Stalingrad.

Während die Zeit die Veränderungen umfaßt, ist die Ordnung der Zeit selbst unveränderlich. Und wenn der Gedanke richtig ist, muß dies auch für alle Ereignisse der kommenden Zeit gelten.

(Das ist mit unserer gewohnten Erfahrung von der Veränderlichkeit der Welt völlig vereinbar, macht aber auf dieselbe Weise wie das Erlebnis eines Gemäldes, einer Bachsonate oder eines Gedichts das ganze Erleben von Zeit fiktiv.)

Die Ordnung der Geschehnisse in der Zeit entspricht der Ordnung der Orte im Raum. Es gibt aber einen Unterschied, der wohl der Unterschied zwischen Raum und Zeit *ist*: Während die Ordnung des Raums umgekehrt wird, wenn wir denselben Weg zurückgehen, kann die Ordnung der Zeit nie umgekehrt werden.

Oder sind es nur wir, die dies nicht können?

Was macht den alten Traum des Science-fiction-Romans von der *Zeitreise* unsinnig?

Dieselbe Sache, auf die in solchen Erzählungen so oft hingewiesen wird: wenn ich mich in der Zeit in einer anderen Weise bewege, als alle Dinge »sich in der Zeit bewegen«, wird die Möglichkeit aufgehoben, von der Identität einer einzelnen Sache oder einer einzelnen Person zu sprechen. Ich kann in der Zeit zurückgehen und mich selbst so vorfinden, wie ich vor einer Sekunde war, und die Operation so oft wiederholen, bis ich eine ganze Armee habe, die aus mir selbst besteht, in der niemand mehr weiß, wer von den Teilnehmern ich bin. Daran ist nichts merkwürdig: die Möglichkeit, einen Gegenstand zu identifizieren, verlangt, daß wir ihn gleichmäßig entweder im Raum oder in der Zeit festhalten können, wie wir bereits festgestellt haben. Wenn wir zulassen, daß er sowohl in Raum wie in Zeit unbestimmt (oder beweglich) ist, verliert er seine Identität.

Eine Identität haben heißt also, dem Zusammenhang von Raum und Zeit anzugehören? Vielleicht. Wenn dieser Zusammenhang transfinit ist, ist wohl nicht einmal dies sicher.

Nach allem zu schließen, sitze und schreibe ich dies an einem schönen Sommernachmittag des Jahres 1982 in Väster Våla, kurz vor einem Gewitter.

Aber wie weiß ich, daß dies nicht bloß ein perfekter Rekonstruktionsversuch ist, der von einer fortgeschrittenen intragalaktischen Kultur durchgeführt wird, daß hinter dem Horizont eine Glaswand zu einem Versuchstank führt? Wie weiß ich, daß das Experiment nicht in Wirklichkeit in einer anderen Galaxis stattfindet? Wie weiß ich, in welcher Galaxis ich mich befinde?

Das Erlebnis der Zeitfiktivität dringt aus den Welten des Traums und der Kunst in die gewohnte Lebenserfahrung hinein und befruchtet oder vergiftet sie.

Das ganze Zeiterlebnis ist natürlich fast untrennbar von der Erfahrung der Erinnerung. (Auch wenn der physikalische Begriff Zeit keine psychischen Erinnerungen verlangt, verlangt er Speicherungen.)

Sind die Erinnerungen, z. B. die Kindheitserinnerungen eines Menschen, Bilder von etwas, das es einmal gegeben hat, oder etwas Authentischeres, nämlich Spuren (die überlebt haben) der Vergangenheit?

Kann etwas sein eigenes Bild sein? Marcel Proust würde, glaube ich, dies bejahen. Die Erinnerungen *sind* in gewissem Sinn die Vergangenheit.

Gibt es etwas in der Erfahrung des Jetzt – sagen wir den Aufschlag eines Balles bei einem Tennisretour –, das nicht *auch* Erinnerung ist? Gibt es ein reines Jetzt?

Ein reines Jetzt wäre dann so etwas wie das Original eines Erinnerungsbildes, ohne Bild zu sein. Wie wissen wir dann, was es ist?

Weiß ich gerade in dem Augenblick, in dem ich einen Ball zurückschlage, daß ich dies gerade tue? Alle vernünftigen Menschen müssen das mit Ja beantworten. Aber wie kann ich wissen, ob ich *die Sache selbst* oder ihren Begriff erlebe?

Eine mögliche Folgerung ist, daß wir nie etwas als *die Sache selbst* erleben, daß nichts unmittelbar Gegebenes existiert.

Es ist fast unmöglich, einen philosophischen Gedankengang über einen beliebigen Aspekt unserer Wirklichkeitserfahrung durchzuführen, ohne daß sich auf die eine oder andere Weise die Wirklichkeit plötzlich *verdoppelt.*

Dies hat, glaube ich, mit etwas zu tun, das ich hier nur andeuten kann.

Wir sind immer ein Teil der Welt, die wir beschreiben oder analysieren wollen, wir sind in ihr enthalten. Sie ist nur in einem übertragenen Sinn eine »Außenwelt«, denn sie enthält uns. »Außen« und »innen« sind Begriffe, die ihre Bedeutung verlieren, wenn wir uns etwas vorzustellen versuchen, das nicht im Zusammenhang dieser Welt enthalten ist.

Zugleich werden wir immer zu dem Versuch gezwungen, uns selbst aus der Welt wegzudenken, um zu erkennen, was sie von der Tatsache trennt, daß wir sie wahrnehmen. Sinnvollerweise muß es eine Welt geben können, in der wir nicht enthalten sind. (Es gibt ja eine Welt, in der Sokrates oder Mussolini nicht enthalten sind, nämlich *diese hier.*) Eine, die äußerlich ist im Sinn von logisch von uns unabhängig.

Und trotzdem haben wir keine Kenntnis einer solchen Welt und werden sie auch nicht bekommen. Dies unterscheidet endgültig *meine* Welt von der des Sokrates, aber auch von der Welt Mussolinis. Meine ist nicht austauschbar.

Möglicherweise könnte diese Nichtaustauschbarkeit zu einer Definition der Begriffe »ich«, »hier« und »jetzt« verwendet werden. Sie bietet dann eine tiefere und materiell adäquatere Definition als die, die Bertrand Russell gibt: »›Ich‹ bedeutet ›der Sprechende‹, ›jetzt‹ ›der Zeitpunkt, an dem dies gesagt wird‹«.

»Jetzt«, »ich« und »Welt« hätten dann gemeinsam, daß sie nicht ohne Widerspruch ausgetauscht werden können. Der Philosoph möchte sie gern austauschen und gerät folglicherweise in Paradoxien.

Die Wege der Freiheit bei Luther, Descartes und Sartre

Von der Freyheyt eines Christenmenschen heißt ein berühmtes Pamphlet von Luther aus dem Jahre 1520.

Was bedeutet es, frei zu sein? Eine Art zu argumentieren, die dem gesunden Menschenverstand vermutlich sehr entgegenkommt, ist die folgende: Wenn x ein Zustand ist, den ich verwirklicht sehen möchte, und die Welt im übrigen (gegenwärtig) so beschaffen ist, daß x tatsächlich verwirklicht wird, wenn ich eine gewisse endliche Menge von Anstrengungen mache, so bin ich *frei*, x zu verwirklichen.

Mit dieser Definition steht es mir beispielsweise frei, den Führerschein zu machen, frei, meine Kinder bei mir zu Hause zu behalten, frei, ein Grundstück zu bebauen, wenn ich Kapital habe, frei, in der internationalen Presse über die lokale Regierung zu sagen, was ich will. Wohlgemerkt beschreibt diese Definition die Freiheit stets im Verhältnis zu einem bestimmten Wunsch. Sie läßt keinen Raum für eine Freiheit im allgemeinen. (In manchen Fällen kann dieser Wunsch negativ sein, ein Wunsch, etwas zu verhindern, oder, mit anderen Worten, ein Wunsch, die Negation des nicht Wünschenswerten zu realisieren.)

Meine Freiheit, auf diese Weise definiert, ist nicht die Freiheit des Zauberers. Meine Freiheit, sagen wir, mein Sommerhausgrundstück mit einem Sommerhaus zu bebauen, steht in Beziehung zu einer angemessenen Menge von Anstrengungen meinerseits und einer endlichen Menge von äußeren Bedingungen.

Diese letztere Menge, nennen wir sie den *situationellen Kontext*, ist für jede Diskussion über Freiheit von außerordentlicher Wichtigkeit.

Sie kann nämlich, zumindest auf der Ebene des Gedankenexperiments, auf so unterschiedliche Arten variiert werden, daß das Freiheitsproblem metaphysisch und extrem wird. Ein wohlbekanntes Beispiel ist die Diskussion über die *Willensfreiheit*, die oft mit der Diskussion über den *Freiheitsbegriff* verwechselt wird, der zwar eng damit verbunden, jedoch nicht ganz dasselbe ist.

Das Problem der Willensfreiheit ist schwer zu formulieren. Eine gute Möglichkeit, sich ihm zu nähern, mögen krankhafte Abhängigkeiten wie Heroinsucht oder Alkoholismus sein. Bei schweren Alkoholikern und anderen Süchtigen scheint der situationelle Kontext unerheblich zu sein. Wie immer er aussieht, sind sie anscheinend nicht frei aufzuhören. Anscheinend sind sie nicht frei zu wollen. Ihre Unfreiheit beginnt schon an der ersten Seite des Dreiecks.

Aber ist *irgendein* Mensch frei zu wollen, was er will? Woher wissen wir, ob x, als A. es verwirklichte, ein x war, das aus freiem Willen verwirklicht wurde? Ein lustiges Beispiel, das die Philosophen lieben, sind Brautpaare. Woher wissen wir, wenn der Bräutigam und die Braut den Mittelgang der Kirche hinabschreiten, daß sie einander aus freiem Willen genommen haben? Wenn der Bräutigam *lächelt*, ist dann der Wille frei? Doch er kann ja auch auf irreführende Weise lächeln. Gibt es vielleicht eine *interne* Qualität des Menschen, die eigentlich unabhängig von allen Äußerlichkeiten ist und die seine wirkliche, seine innere Freiheit ausmacht?

Wer diese Frage mit ja beantwortet, steht dem Standpunkt, dem äußerst folgenreichen Standpunkt sehr nahe, den Martin Luther in seinem Pamphlet über die Freiheit eines Christenmenschen entwickelt.

Die Frage, ob ich frei bin, in meinem eigenen Leben einen möglichen Zustand zu verwirklichen, sagen wir, den Frieden, kann als Frage danach gelten, in welcher Beziehung drei Dinge zueinander stehen, nämlich *ein denkendes* und wollendes *Ich, ein Zustand* wie der, den ich realisieren möchte, in diesem Fall Friede, und schließlich ein *situationeller Kontext.*

Was Luther nun macht, ist, einen Winkel des Dreiecks zu mißachten, ihn gegen Null gehen zu lassen, könnte man vielleicht sagen, nämlich den situationellen Kontext. Der situationelle Kontext bedeutet nichts, mein Freund, sagt er, jede wirkliche Freiheit ist eine innere Freiheit. Du hast einen Körper und du hast eine Seele, und beide werden stets auf eine grundlegende Art voneinander unabhängig sein, denn dein Körper ist sterblich und deine Seele unsterblich. Die Seele ist nicht nur unabhängig vom

Körper und was mit ihm geschieht. Sie ist eigentlich auch unabhängig davon, was sie bewirkt. Ein gutes oder schlechtes Haus kann keinen guten oder schlechten Baumeister machen; hingegen ist es so, daß ein schlechter oder guter Baumeister ein gutes oder schlechtes Haus machen kann, sagt Luther. Denn er will natürlich vermeiden, in das noch größere Extrem zu geraten, den mystischen Standpunkt, daß die beiden Dinge überhaupt nichts miteinander zu tun haben und daß die Wahrheit nur im Inneren des Menschen wohnen kann. Vermutlich hat Augustinus etwas dergleichen gelehrt. Luther genügt es zu zeigen, daß das wirklich Entscheidende nicht in den *Werken* liegt, sondern in dem, was er *Glauben* nennt.

»Wenn du glaubst, hast du, wenn du nicht glaubst, hast du nicht.«

Die Art der Formulierung erinnert uns natürlich zwangsläufig an die Art, wie wir soeben das Problem der Willensfreiheit formuliert haben. Gemeinsam ist beiden Formulierungen, daß sie den situationellen Kontext zu einem Nichts zusammenschrumpfen lassen.

Die Freiheit des Christenmenschen, wie Luther sie vermutlich versteht, ist identisch mit der Willensfreiheit, eine ausreichende Voraussetzung für die Freiheit ist mit anderen Worten dieses Minimum: daß das denkende und sollende Ich zu wollen vermag. Und will.

Aus Luthers Freiheit wird die nackte Freiheit des Ichs. »In der Seele selbst also« sagt der moderne Lutherforscher Eberhard Wölfel, »spielt sich erst das Entscheidende ab, äußere Werke allein machen nur ›Werkheilige‹, d. h. unter dem äußeren Werk verbirgt sich hier immer der alte Adam.« (Eberhard Wölfel: *Nachwort zu »Von der Freiheit eines Christenmenschen«*, München 1961, S. 2)

Den dritten Winkel des Dreiecks, den situationellen Kontext, abzuschneiden oder auszuschalten, wird jetzt auf eine paradoxe Weise gleichbedeutend mit der Aussage, daß der situationelle Kontext unüberwindlich und übermächtig sein kann, und trotzdem soll er unsere Freiheit niemals beeinträchtigen können. Denn unsere Freiheit liegt ja im Glauben; die Freiheit wird zur

Freiheit zu wollen. Und diese bleibt uneingeschränkt. So wird es also möglich, den höchst paradoxen Satz zu formulieren, mit welchem Luther sein Pamphlet einleitet:

»Ein Christenmensch ist ein freier Herr über alle Dinge und niemand untertan. Ein Christenmensch ist ein dienstbarer Knecht aller Dinge und jedermann untertan.«

Hier endet, könnte man vielleicht sagen, die antiautoritäre Phase der Lutherschen Reformation. Das Nein zum Fürsten hat eine solche Formulierung erfahren, daß der Fürst plötzlich wieder auf seinen Thron gesetzt werden kann, sozusagen durch die Hintertür. Und wir Spätgeborenen, die dem Text folgen, meinen, einem Zauberkunststück beigewohnt zu haben.

*

Im absolutistischen Frankreich, das eine der unmittelbaren Folgen der Religionskriege werden sollte, zu deren Auslösung Luther seinen Teil beigetragen hat, spitzt sich die Verinnerlichung des Problems immer mehr zu. Durch das gesamte siebzehnte Jahrhundert zieht sich in Frankreich als schrecklicher Verdacht, als Alptraum, zuweilen als methodische Maxime, nämlich bei René Descartes, eine Idee: *daß nämlich das Denken nichts anderes verändern könne als die Gedanken.* Die dritte Maxime in der »Abhandlung über die Methode« lautet:

»Meine dritte Maxime war, stets zu versuchen, lieber *mich* zu besiegen als das Schicksal und lieber meine Wünsche als die Ordnung der Welt zu ändern und ganz allgemein mich an die Überzeugung zu gewöhnen, daß nichts gänzlich in unserer Macht steht als unsere Gedanken. Haben wir also betreffs der Dinge, die außer uns sind, einmal unser Bestes getan, so ist alles, was uns an dem vollständigen Gelingen mangelt, für uns unbedingt unmöglich.« (René Descartes, *Abhandlung über die Methode.* Ü: Artur Buchenau. München 1905, S. 21)

Abhandlung über die Methode ist das wichtigste Buch seiner Zeit, ist der Ort, wo das Autoritätstrauma der Reformation schließlich seine Lösung in einem neuen Subjektivismus findet:

»Ich denke, also bin ich.«

Dieses Argument ist alt, viel älter als Descartes. Schon bei Nicolaus Cusanus spielt es eine interessante Rolle, und für einen schwindelerregenden Moment taucht es bei Heraklit auf (im sechsundzwanzigsten der Dielsschen Fragmente). Interessant ist, welchen Platz es in Descartes' Gedankengang einnimmt.

Seine lebendige Schilderung des Ichs in seiner Einsamkeit, umgeben von den Dämonen des Skeptizismus, rhetorisch abgestimmt auf ein Publikum von gebildeten, jedoch nicht akademischen Aristokraten, gipfelt in zwei Schreckensvisionen. Die eine ist die des sogenannten Deus Deceptor: was wäre, wenn alles, woran wir glauben, was wir für gesichert und verbürgt halten, in Wirklichkeit nichts anderes ist als Illusionen, hervorgerufen von einem *böswilligen Dämon*, der uns glauben macht, er sei Gott. Wären wir einer solchen Macht nicht tatsächlich hilflos ausgeliefert? Die andere ist der Verdacht, alles könnte ein Traum sein und trotzdem von gleicher Beschaffenheit.

Daß alles, was wir für wahr halten, eine von einem Dämon hervorgerufene Phantasmagorie sein könnte, bedeutet, daß alles, was uns als wirklich erscheint, durch eine Art unmittelbarer Enthüllung entlarvt werden könnte.

(Man könnte sich einen Roman vorstellen, in dem solche Entlarvungen ein ums andere Mal stattfinden, wenn nämlich hin und wieder ein neues Kapitel mit den Worten beginnt: »Dies ist der spannende experimentelle Roman, an dem X. seit einiger Zeit arbeitete.« Von einer solchen Zeile wird schon bei ihrem ersten Erscheinen eine fundamentale Unsicherheit auf den gesamten folgenden Text ausgehen.)

Wenn ein solcher Bruch der Fiktion möglich ist, was garantiert uns dann, daß nicht auch *dieser* Text fiktiv ist?

Eine solche Entlarvung, die den eben gelesenen Text für immer in ein Fragment verwandelt, unwiderruflich abgeschlossen in dem Sinn, daß sein Zusammenhang niemals wiederzufinden sein wird, ist das Erwachen.

Die Tatsache, daß es Träume gibt, und also auch ein *Erwachen*, das den Traum auf etwas für immer Unvollständiges und Unvollendbares reduziert, legt den Verdacht nahe, daß *auch dies* ein Traum ist.

Ich zweifle. Ich denke, also bin ich.

Descartes' sogenanntes Cogito (man könnte es vielleicht das Zweifelsargument nennen) pflegt oft als *reductio ad absurdum* gelesen zu werden: wenn es mich nicht gäbe, könnte ich auch nicht daran zweifeln, daß es mich gibt. Die Annahme, daß es mich nicht gibt, scheint also zu beinhalten, daß es mich tatsächlich gibt, und ist damit falsch.

Dieser Aspekt des Arguments tendiert jedoch dazu, einen anderen zu verdecken, der genauso wichtig ist. Descartes geht es bei seinem Cogito vor allem darum, etwas zu finden, was das *Erwachen* nicht zu verändern vermag. Das nackte Ich, das in seinem Cogito-Argument zweifelt, ist gegen den Traum und das Erwachen auf die gleiche Art *resistent*, wie Luthers christliche Seele gegen äußeren Widerstand und äußeres Scheitern *resistent* ist.

Das Ich läßt sich durch das Erwachen nicht enthüllen. Das Ich läßt sich nicht in ein Fragment verwandeln. Wenn es nur nackt genug ist, bleibt es in jedem Kontext dasselbe.

(In diesem Zusammenhang kann ich schwerlich der Versuchung widerstehen, von einem eigentümlichen Intermezzo im Zusammenhang mit dem »Erwachen« zu erzählen, das sich 1662 abspielt, fünfundzwanzig Jahre nach der ersten Auflage von *Abhandlung über die Methode*. Diese wurde erstmals 1637 gedruckt. Jetzt, 1662, schreibt der noch sehr junge Jean Racine an seinen väterlichen Freund und Beschützer Abbé le Vasseur und berichtet von einem erotischen Abenteuer, das ebenfalls mit einer Art von Erwachen endet. Er hat in der Kirche eine offenbar schöne junge Frau gesehen, hat sogleich Tagträume um sie herum gesponnen, doch beim Hinausgehen nach der Messe hat ihn eine Art Enttäuschung und Ekel überkommen, als er sie von nahem sah.

»Ich wollte sehen, ob ich mich nicht in meiner Vorstellung von ihr getäuscht hätte, und ich fand die Gelegenheit sehr günstig«, heißt es einige Zeilen vor der Stelle, die von der Enttäuschung berichtet.

Das Interessante an dieser Briefpassage, die ich in modernem Gewand für meinen Roman *Der Tod eines Bienenzüchters* ausgeliehen habe, ist natürlich Racines Beschäftigung mit dem *Objekt*. In was verlieben wir uns eigentlich bei einem Menschen? In die gewissermaßen für immer unzugängliche Realität, die diesen Menschen ausmacht, oder in die unendlich viel leichter zugängliche und überblickbare Realität, die *unsere Vorstellung* von dem Objekt ausmacht?

Sind es unsere Ideale, die wir lieben – in ihrer Unzerstörbarkeit – oder die Vorstellungen, in denen diese Ideale wurzeln? Und die entlarvt werden können.

Dieselbe Mischung aus Klaustrophobie und widerwilliger Überzeugung davon, daß die Zweifel nur überwindbar seien, wenn das denkende Ich auf seine eigene Wirklichkeit reduziert wird, prägt im Abstand von fünfundzwanzig Jahren den reifen Philosophen Descartes und den noch unreifen Dramatiker Racine.)

Die Verwandtschaft zwischen der Art, wie Descartes in *Abhandlung über die Methode* argumentiert, und der von Augustinus, nämlich in seinen Büchern *Über den Gottesstaat* und *Über den freien Willen*, ist mehrfach von verschiedenen Philosophiehistorikern hervorgehoben worden, am besten von dem allzu früh verstorbenen Renaissance-Experten Léon Blanchet. Dieser Zusammenhang erklärt auch etwas von der Verbindung mit Martin Luther.

Wir haben es hier mit einer der großen, fundamentalen Ideentraditionen der europäischen Geschichte zu tun.

Die Freiheit gilt hier nicht als etwas, das in einem bestimmten, mehr oder weniger natürlichen Kontext verwirklicht werden kann oder nicht, sondern als abstrakte Eigenschaft eines nackten Ichs, das ungeachtet dessen, was immer es will oder unternimmt, stets logisch unabhängig von einer Außenwelt bleibt, die es nur fragmentarisch berühren kann.

*

Was mit dir geschieht, ist letzten Endes moralisch gleichgültig. Moralisch relevant ist es hingegen, wie du dich zu dem verhältst, was mit dir geschieht. So könnte man vielleicht die Lehre von der verinnerlichten Freiheit zusammenfassen.

Als Jean-Paul Sartre, beeinflußt von Husserl, Kierkegaard

und, wie es heute den Anschein hat, auch vom Zeitphilosophen Bergson und seiner Lehre von zweierlei Zeit, einem inneren, freien Strom und einer äußeren, meßbaren und toten Zeitdimension, im Jahre 1943, unter totaler deutscher Besatzung, in seinem philosophischen Hauptwerk *L'Etre et le néant* die augustinische Lehre wieder zum Leben erweckt, so geschieht das in einem siebenhundert Seiten dicken Band, der eigentümlicherweise seine vielleicht wichtigste Aussage in den ersten Zeilen macht:

Dem Denken der Gegenwart ist ein beträchtlicher Schritt nach vorwärts gelungen, indem es das Seiende auf die Reihe derjenigen Erscheinungen zurückführte, die von ihm Kunde geben. (Sartre, *Das Sein und das Nichts.* Ü: Justus Streller. Hamburg 1962, S. 9)

Es gibt mit anderen Worten zwei Welten. In der einen manifestiert sich uns die Welt als etwas *unmittelbar Gegebenes*, sie ist wie Luthers Seele, und in der anderen sehen wir die Dinge von außen, verborgen unter einem für immer undurchdringlichen Zaubermantel ihrer Manifestationen.

In der intentionalen Welt sind wir frei, in der anderen unfrei, und niemals werden wir zwischen der – inneren – Freiheit der einen Welt und der Unfreiheit der anderen Welt eine Brücke schlagen können.

Die Freiheit, sagt Sartre, lasse sich nicht beschreiben. Denn sie habe kein Wesen. (*Das Sein und das Nichts*, S. 558) Sogar das Wort »Freiheit« sei eigentlich verwerflich als Name für das, was wir so nennen. Denn das Wort erwecke den Eindruck, für einen Begriff zu stehen, wie Worte es zu tun pflegen. Und so einfach sei es nicht. Die Freiheit einer Handlung sei eine nicht zu beschreibende Qualität, genau wie das Vorhandensein eines Phänomens nicht in qualitativen Termini zu beschreiben sei.

Hier stoßen wir mit anderen Worten auf eine Freiheit, die noch nackter ist als Luthers Glaube jenseits aller Werke und Taten, nackter als das kartesianische Ich, das sich nicht mehr entlarven läßt. Sartres Freiheit ist eine undefinierbare und unnennbare Nicht-Qualität, die wir in das investieren, was mit uns geschieht. Wenn wir wählen, Angst davor zu haben, so haben wir unsere Freiheit in die Angst investiert, wählen wir, mutig und rational zu sein, ist unsere Freiheit (ungefähr wie eine farblose Farbe) in dieser Wahl gegenwärtig. Was Sartre meint, wird vielleicht besonders deutlich, wenn er von Gefühlen spricht:

Meine Furcht ist frei und bekundet meine Freiheit, ich habe meine ganze Freiheit in meine Furcht verlegt und habe mich unter diesen oder jenen Umständen als einen sich Fürchtenden gewählt; unter anderen Umständen würde ich als ein Freiwollender und Mutiger existieren und würde meine ganze Freiheit in meinen Mut gelegt haben. (*Das Sein und das Nichts*, S. 566 f.)

Die kontinentale Gedankenentwicklung, die ich hier skizziert habe und die man am besten die augustinische Linie nennen könnte, bringt es also mit sich, daß ein Moment der Freiheitsproblematik, nämlich der situationelle Kontext, immer mehr von der Bühne verdrängt wird. Die Freiheit wird abstrakt, farblos und allmählich allumfassend.

Bislang eine Eigenschaft der Welt, indem nämlich bestimmte Zustände, die wir erstreben, unter bestimmten Bedingungen tatsächlich auch realisiert werden können, wird die Freiheit zu einer Eigenschaft der Seele, des Ichs, der Emotion. Sie wird zu einer Farbe.

Die größte Schwäche der augustinischen Tradition mag schließlich und endlich sein, daß sie weder auf der metaphysischen noch auf der psychologischen Ebene die Kardinalfrage beantworten kann, die der Exodus der Bibel so deutlich stellt:

Können unfreie Menschen freie Gedanken und Gefühle haben?

Aus dem Schwedischen von Verena Reichel

Friedrich Nietzsches Bürostunden

Es ist schwer, sich in sein eigenes Werk hineinzuprojizieren.

Und doch ist es etwas, das Philosophen und Schriftsteller gern tun – nicht zu reden von einem Maler wie Velasquez in *Las Meniñas*. Darüber hat sich aber Michel Foucault ausführlich genug geäußert. Ständig kommen sie auf dieses Experiment zurück, als ob das Gebäude, das sie errichtet haben, erst in dem Augenblick wirklich ist, wenn sie sich selbst in ihm spiegeln können. Charles Baudelaire tut dies zum Beispiel auf eine beinahe idealtypische Weise in *Le Jeu*, wenn er sich in eine Ecke des Spielsalons setzt. Er ist in sich ein ungewöhnlicher Raum, Zimmer und Grotte und Schoß zugleich, bevölkert von unwirklichen Spielern mit ausgetrockneten Gesichtern und mit einem metallischen Klang von den Juwelen der Damen. Das Trockene und Metallische ist nie ein gutes Zeichen bei Baudelaire:

»Voilà le noir tableau qu'en un rêve nocturne
Je vis se dérouler sous mon œil clairvoyant.
Moi-même, dans un coin de l'antre taciturne,
Je me vis accoudé, froid, muet, enviant, [. . .]«

(»Dies war das schwarze Bild, das deutlich in einem
Traumgesicht vor meinem Auge sich nachts entrollte.
Mich selber sah ich auch: in einem Winkel der stummen
Höhle, die Arme aufgestützt, kalt, wortlos und voll Neid.«)

Es ist immer etwas Faszinierendes an dem Augenblick, wenn der Künstler sich in seinem eigenen Bild fortzusetzen versucht. Was unser Interesse bei einem solchen Unternehmen auf sich zieht, das sind natürlich das Spiel mit der Perspektive, nicht unähnlich der in der manieristischen Malerei, die Neigung zu unendlicher Rekursivität, die solchen Experimenten innewohnt, und zuletzt, aber nicht am wenigsten, die ironischen Möglichkeiten.

Der ganze Vorgang hat etwas Abenteuerliches in der Art an sich, wie selbstreferentielle Operationen immer den Anschein haben, uns ein besonderes Reich der Vieldeutigkeiten und der halsbrecherischen logischen Paradoxien eröffnen zu wollen. (Ich denke etwa an Gottlob Freges und Bertrand Russells »Impredikabel-Paradox«.)

Wenn ich *selbst* in meinem Werk sichtbar bin, *wer ist es dann,* der mich sieht? Wenn dies die Welt ist, die ich sehe, und wenn ich in das eingehe, was ich sehe, *wer bin dann ich*? Wenn dieses Bild wahr zu sein scheint, sind wir sofort weniger geneigt zu glauben, daß wir es geschaffen haben. Wenn man offensichtlich nicht leugnen kann, daß wir es geschaffen haben, dann sind wir sofort weniger geneigt zu glauben, daß es wahr ist. Das große, *schöne* Beispiel dafür findet sich im Einleitungskapitel von Fichtes *Wissenschaftslehre* in der Fassung des Jahres 1794. Wer ist es, der *tatsächlich* Fichtes *Wissenschaftslehre schreibt*? Ist es das Transzendentale Ich oder ist es ein gewöhnlicher deutscher Professor, der in Jena und Berlin wohnt?

Wenn Hegels Philosophie wirklich wahr ist, dann ist natürlich die scharfe Schneide der Weltgeschichte, wo der Weltgeist zur Einsicht seiner selbst gelangt, nichts anderes als Friedrich Wilhelm Hegels Philosophie. Ist es dann wirklich so, daß der Weltgeist in einem bestimmten Augenblick, sagen wir zum Zeitpunkt vor der Schlacht bei Jena, als die *Phänomenologie des Geistes* gerade abgeschlossen wurde, ein deutscher Professor *ist*? Offensichtlich ist es so, daß das subjektive Moment im deutschen Idealismus einigen deutschen Professoren unwillkürlich eine ungewöhnliche Rolle zuzuweisen scheint, die – hoffentlich – auch ihnen selbst ein wenig heikel erscheinen sollte.

Am Ende der sechziger Jahre stand ich in Berlin mit einer sehr intelligenten, sehr marxistischen und, ich muß es zugeben, zu dieser Zeit auch jungen Dame auf freundschaftlichem Fuß, die sich trotz ihrer Intelligenz weigerte, ihren alten Volkswagen zu verkaufen, lange nachdem er verkehrsgefährdend geworden war. Georg Lukács war nämlich einmal von einer akademischen Cocktailparty zu einer Vorlesung in diesem Auto gefahren. Dieses Mädchen hatte folglich die Vorstellung, daß *der Weltgeist*, wenn vielleicht auch nur für fünfzehn Minuten, in ihrem Auto Mitfahrer gewesen war. Viele ihrer Freunde fanden diese Idee ziemlich verrückt. Ich fand sie auch verrückt.

Die Stelle in Friedrich Nietzsches Philosophie, an der die Frage: *Wenn die Welt so ist, wie ich sie beschreibe – was bin ich dann?* – eine Frage, die sich natürlich jeder Philosoph früher oder später zu stellen gezwungen ist – für einen Augenblick zum Ausdruck kommt, findet sich in *Zur Genealogie der Moral*, als Nietzsche von der Philosophie als einem Spezialfall des asketischen Ideals spricht. Mit gewissem Recht könnte man sagen, daß Friedrich Nietzsche der einzige bedeutende Philosoph ist, der uns seine Bürostunden angibt.

Dies geschieht im achten Kapitel des Buchs, wo er davon spricht, an welche Orte sich Asketen und Säulenheilige einer neuen Zeit möglicherweise flüchten können. Der Philosoph ist nämlich nichts anderes als ein moderner Spezialfall des asketischen Ideals. Richtige, theatralische, altmodische syrische Wüsten? Kaum. Zu teuer. Ein kleines gemietetes Zimmer, ein kleiner Job, kleine alltägliche Beschäftigungen und Vergnügungen – all dies und besonders die Alltagsroutine reichen heute für den Job ebenso gut aus wie es einst die Wüsten taten.

Selbstverständlich gibt es aber keine solchen Tempel wie den riesengroßen, der Artemis geweihten in Ephesos, wo einst Heraklit seine Zeit in dem großartigen Labyrinth von Arkaden und offenen Plätzen, einer hinter dem anderen, zu verbringen pflegte. Oder – vielleicht gibt es sie trotz allem?

»– sie fehlen uns vielleicht nicht: gerade jetzt denke ich an meine schönste Studierkammer, Piazza di San Marco, wenn es Frühling ist, außerdem Vormittag, die Zeit zwischen zehn und zwölf.«

Das klingt fast wie eine Einladung, zu kommen und ihn zu besuchen. Wie schade, daß er tot ist!

Und wie deutlich kontrastiert nicht diese selbstironische und vieldeutige, selbstreferentielle Methode, sich dem Problem zu nähern, mit diesen Philosophieprofessoren, die sagen müssen, daß sie nicht nur die Wahrheit gefunden haben, sondern daß sie die Wahrheit *sind!*

Die Philosophie schafft uns eines der schwersten und tiefsten philosophischen Probleme. Die selbstreferentielle Situation ist nur ein Test, der das Problem sichtbar macht.

Es ist folgendermaßen: An der Wende vom 18. zum 19. Jahrhundert drücken Fichte, Schelling und Hegel in Briefen und Äußerungen alle dieselbe Überzeugung aus: nach einem unsicheren und abenteuerlichen Anfang, der einige Tausend Jahre in Anspruch nahm, hat die Philosophie jetzt endlich ihren Weg als systematische Wissenschaft angetreten. Die Philosophie ist *Wissenschaftslehre* geworden, wie es bei Fichte heißt. Bald nach der Wende vom 19. zum 20. Jahrhundert zeigt der Briefwechsel zwischen Positivisten in Wien und Warschau und logischen Empiristen in Cambridge genau dieselbe Überzeugung: die Philosophie hat sich nach langen, abenteuerlichen Vorbereitungen jetzt endlich auf den rechten Weg begeben. Die Philosophie ist zu einer exakten Wissenschaft und *Begriffsanalyse* geworden, von jetzt an kann nichts mehr richtig schiefgehen. Diese Überzeugung steigt nach und nach in die Paradoxien der Modellanalogie hinab, und die sense-data-Theorie zeigt sich rasch imstande, noch weniger auszurichten, als Kants Theorie von der formalen Einheit der Wahrnehmungen leisten konnte.

In Quines *Word and Object* ist bereits jener neue Optimismus, der in Wien, Warschau und Cambridge geschaffen wurde, am Ende.

In zahlreichen Philosophien gibt es eine *eschatologische* Tendenz in dem Sinn, daß sie ihre eigene Tätigkeit als diejenige ansieht, die mit der Philosophie Schluß machen und etwas Neues beginnen wird, das nicht mehr wirklich dasselbe ist wie Philosophie. Das letzte Ziel der Tätigkeit ist, mit der Tätigkeit selbst Schluß zu machen, ungefähr wie die Tätigkeit der Feuerwehr am Brandplatz darauf ausgeht, ihre eigenen Voraussetzungen zu beseitigen. Dieser Feuerwehrmännerheroismus ist ebenso in Fichtes *Wissenschaftslehre* wie in Wittgensteins *Tractatus* im Gange. Auch bei einem so bescheidenen Mann wie A. J. Ayer hört man die Flügelschläge der apokalyptischen Adler in seinem Jugendwerk *Sprache, Wahrheit, Logik.*

Offenbar liegt etwas in der philosophischen Situation selbst, in ihrer *Pathologie*, wenn der Ausdruck gestattet ist, das die Philosophen zwingt – falls sie sich nicht nur als demütige Deuter und Kommentatoren von Texten anderer sehen –, daß sich ein jeder als der Letzte seiner Art auffaßt. Das *Pathologische* dieser Situation wird deutlicher, wenn man sich einen Mathematiker, sagen wir einen Topologen vorzustellen versucht, der mit der Topologie Schluß machen will, oder einen theoretischen Physiker, der den Versuch macht, mit der Physik Schluß zu machen und sie durch etwas anderes zu ersetzen. Und es ist genau dieser Ehrgeiz, in dem sie sich in ihr eigenes Werk setzen wollen und das Werk also Spiegel wird, autoreferentiell wird.

Der Kontrast zwischen dem Anspruch des eschatologischen Ehrgeizes, das *Ideale* (das Transzendentale Ich, die jüngste Manifestation des Weltgeistes, Idealsprache im Unterschied zur Alltagssprache, sekundäre Wissenschaft im Unterschied zur primären; die Verkleidungen sind zahlreich) zu sein, und der konkreten Wirklichkeit, die wir in der Persönlichkeit des einen oder anderen Philosophen erleben, wird allzu groß, wenn wir zu folgendem Test kommen: den Philosophen in seine Welt zu stellen.

Wie kommt es dann, daß Nietzsche andererseits einen völlig entspannten, natürlichen und überhaupt nicht anstößigen Eindruck auf seiner sonnendurchfluteten Piazza macht? Wir sind ohne Einschränkungen bereit, ihn, wie er da sitzt, zu akzeptieren, während wir ebenso fest entschlossen sind, nie, niemals einen Weltgeist zu akzeptieren, der Volkswagen fährt.

Liegt der Grund darin, daß er nicht den Ehrgeiz hat, der Letzte seiner Art zu sein? Ich bin mir nicht ganz sicher, ob dies so ist. Vieles deutet darauf hin, daß auch er den Ehrgeiz hat, der Philosophie ein Ende zu setzen. Nur daß er dies mit anderen Mitteln tun will.

Das Volk zieht es vor, das *Nichts zu wollen*, als überhaupt etwas nicht zu wollen. Mit dieser Beobachtung leitet Nietzsche seine Untersuchungen des asketischen Ideals ein. Bei Künstlern bedeutet dieses asketische Ideal sehr wenig, höchstens wie bei Richard Wagner, sich gegen seine eigene *libido* zu wenden. Der Philosoph scheint, wenn Feuer in ihm ist, sehr viel mehr loswerden zu wollen. Die ganze Welt, wenn wir mit »Welt« meinen, was Wittgenstein »die Welt, die ich vorfand«, d. h. die unmittelbar gegebene Welt nennt. Der Philosoph will statt dessen etwas anderes haben. Dies wird in Nietzsches Buch in einer Art von düsterglücklichem Crescendo (denn vieles, was düster ist, kann glücklich sein) beschrieben, das im siebten Paragraphen des Kapitels »Was bedeuten asketische Ideale?« eingeführt wird und irgendwo zwischen Paragraph zehn und elf seinen Höhepunkt hat. Genau da tritt ein neuer Akteur auf der Bühne Nietzsches auf, »der asketische Priester«.

Auch der Philosoph ist ein solcher asketischer Priester. Oder genauer formuliert: um als Einrichtung überleben zu können, wurde die Philosophie in ihrer vieltausendjährigen Existenz gezwungen, sich als asketische Tätigkeit zu verkleiden.

Der charakteristischste Zug an diesem philosophischen Asketen ist, daß er offensichtlich sich widersprechende Neigungen hat. Er will Macht und Einfluß über *diese* Welt gewinnen, und gleichzeitig ist dies die Welt in ihrer Vielfalt und Widersprüchlichkeit, von der er sich freimachen will zugunsten einer eigentlicheren, einer wahreren Welt. Wo das reiche Leben unserer Sinne uns sagt, daß es ein Reich der Wahrheit und der Existenz gibt, von dem unser Verstand für immer ausgeschlossen ist, versucht der Priesterphilosoph von Platons Art offensichtlich, uns den genau entgegengesetzten und deutlich bizarren Standpunkt einzureden.

Das Entscheidende ist dasselbe wie in anderen Lebensbereichen: die Philosophie ist eine Scheinaktivität, bei der Leben, das seine Fähigkeit, in gewöhnlicher Weise zu leben, verloren hat, seine Existenz mit pathologischen Mitteln weiter aufrechterhält.

Nietzsche kann natürlich recht haben oder irren. Aber wenn er recht hat, kann das philosophische Problem, das die Philosophie sich selbst stellt, nie mit philosophischen Mitteln gelöst werden. Oder mit anderen Worten: der Geist, in welchem sich Nietzsche unserem Problem nähert, ist im Unterschied zu den meisten anderen Philosophen nicht *eschatologisch*, sondern *ironisch*.

Vermutlich liegt darin der Grund, daß wir es als völlig normal und ganz in seiner Ordnung ansehen, diesen deutschen Professor in der Frühlingssonne in Venedig zwischen zehn und zwölf Uhr vormittags an seinem Cafétisch anzutreffen und ihn gleichzeitig tief in einem Kapitel seiner eigenen Version der Philosophiegeschichte vergraben zu finden, während die Vorstellung von einem Weltgeist, der sich von einer jungen preußischen Dame in einem Volkswagen zu Cocktailparties fahren läßt, ein völlig lächerlicher Gedanke ist.

Der Literaturwissenschaftler aus der Sicht des Schriftstellers

In einer Zivilisation, besessen von dem an und für sich nicht selbstverständlichen Gedanken, daß die kommende Zeit wichtiger ist als die vergangene und daß die Zukunft die Kümmernisse und Verbrechen der Gegenwart legitimiert, gewinnt das literarische Überleben einen Eigenwert. Horaz' traditionelle Liebe zur Dichterehre ist in Ode III 30 verewigt:

> Ich habe ein Denkmal geschaffen,
> dauerhafter als Bronze und höher
> als die Pyramiden der Fürsten, das unendliche Jahre
> dem Biß des Regens und dem Nordwind widerstehen wird.

Diese Ruhmsucht mischt sich noch heute mit den modernen Zukunftslegitimationen zu einem urtümlichen Prestigekampf zwischen den Dichtern. Unendlich wichtiger, als die Bewunderung der tonangebenden Kritik zu genießen oder über Akademiesessel zu verfügen, ist, die Ohren der Jugend zu besitzen, denn die Aufmerksamkeit der lesenden Jugend läßt sich als ein Zeichen postumer Dauerhaftigkeit deuten. »Non omnis moriar«, wie der römische Dichter sagt. – Ich werde nicht ganz und gar sterben, ist eine Hoffnung, mit der die Zeit nicht fertigwerden konnte. Der Traum von der fortlebenden Stimme, vom Nachklang, der nicht aufhören wird, sondern im Gegenteil sich verstärkt, je mehr die Zeit vergeht und je tiefer die Worte wirken dürfen, ist ein uralter Traum der Dichter. Und er lebt noch.

Die Wirklichkeit sieht oft anders aus. Die peinliche Wahrheit ist ja nicht selten, daß der Dichter den literarischen Tod stirbt, lange bevor er den physischen gestorben ist. Die Veränderungen der Zeit, die Zerrbilder und Verschiebungen in der Geologie, die die Geschmacksveränderungen und Wechsel in den Diskussionsthemen und die emotionalen Moden nach und nach bilden, stellen einen unangenehm dichten Filter zur Nachwelt dar. Nichts wird von der Zeit mit einer so unvorstellbaren Deutlichkeit aufgegeben wie der allgemeine Tonfall einer Zeit, nichts altert so schnell wie der Schatten der Ergebenheit gegenüber einem literarischen Stil. Sehr wenig durchdringt den Filter: was hindurchgeht, tut dies auf sehr verschiedene Weise. Das literarische Paradies hat ebenso viele Abteilungen und Ebenen wie Dantes Paradies. Der allerhöchste Platz des Überlebens wird von solchen Dichtern eingenommen, die das Bild einer ganzen Epoche geschaffen haben: Petrarca, Shakespeare, Horaz und Dante, Goethe und Milton, in moderner Zeit vielleicht Rilke und Pound. Wie die kalifornische Riesensequoia in ihrer ungeheuren Krone und ihrem Wurzelsystem ein ganzes ökologisches Milieu schafft, das Hunderten von Arten Schutz und Nahrung bietet, bietet solch ein mächtiger Baum einer ganzen Reihe weniger bedeutungsvoller Texte von Briefwechseln, Fußnoten und Kommentatoren Überleben, und die Sekundärliteratur wächst wie Jungwald um den Fuß des mächtigen Baumes. Ein wichtiger Bestandteil in dem subtilen Phänomen, das das literarische Überleben letzten Endes doch bildet, ist natürlich die Sekundärliteratur: Gegenstand der Deutung zu werden. Ich habe in *Die Tennisspieler* einmal mit der veritablen Industrie fleißiger Bestandsaufnahme und Deutung meinen Scherz getrieben, die besonders in der Nachkriegszeit um August Strindbergs Werk aufblühte. Es sieht manchmal so aus, als ob Strindbergs Infernokrise, einst eines einsamen Dichters schrecklicher Kampf und siegreiche Lösung fundamentaler existentieller Probleme, sich zu einer Arbeitsstelle einer kleinen hochtechnologischen Fabrik von Doktoranden und Dozenten entwickelt hat. Und man kann natürlich einen gedankenanregenden Gegenentwurf aufstellen:

Was wäre geschehen, wenn August Strindberg zwei Jahre früher gestorben wäre, als er dies in Wirklichkeit tat? Also zu einem Zeitpunkt, als eine jüdische Versöhnungsmystik noch seine Gedanken beschäftigte, vor der Strindberg-Fehde und bevor er die Gelegenheit ergriff, genau in dem Augenblick auf den Zug des siegenden Sozialismus' aufzuspringen, als dieser Fahrt gewann? Wäre in diesem Fall Hjalmar Söderberg das große, begünstigte Forschungsobjekt gewesen? Vielleicht. Vielleicht nicht. Um ein idealtypisches Objekt der Literaturwissenschaft zu werden, reicht es nicht aus, gute Bücher geschrieben zu haben. Man muß sie in der richtigen Ordnung geschrieben haben, d. h. die langweiligsten Bücher in seiner Jugend und die besten in seinem Alter. Man muß ein dynamisches Verhältnis zu den Ideen seiner Zeit haben, oder mit anderen Worten: wenn man so zeittypisch ist, daß einen nichts in den Augen der Nachwelt vom allgemeinen Bild der Epoche unterscheidet, wird man genauso uninteressant sein, als hätte man nie gelebt.

Das ideale literaturgeschichtliche Forschungsobjekt darf nicht *allzu* repräsentativ für seine Zeit sein, aber auch nicht in grotesker Weise isoliert. Ein Hexameter schreibender lyrischer Griechischlehrer in Halmstad in der Zeit vor Lindegrens *Mannen utan väg* (*Der Mann ohne Weg*) kann sehr wohl repräsentativer sein als Lindegren, aber nicht zeittypisch in der Weise, die die Forschung anzieht. Über die Anziehungskraft des Idealtypischen wäre natürlich viel zu sagen. Einer der besten Kenner in der Welt des Vogelgesangs, Professor Charles Hartshorne, weist in seinem Werk *Born to Sing* (Bloomington 1973) darauf hin, daß der ideale Lockgesang den optimalen Signalcharakter in informationstheoretischer Sicht haben muß: der Gesang muß *erkennbar*, aber innerhalb des Rahmens des Erkennbaren so *variiert* sein, daß er nicht monoton wirkt und im allgemeinen Hintergrundrauschen der Aufmerksamkeit untergeht.

Dieser ideale Signalcharakter, scheint mir, ist ein perfektes Modell, wie der ideale Schriftsteller der Literaturwissenschaftler aussehen soll.

Lassen Sie mich statt dessen den Versuch unternehmen, unser Thema von der anderen Seite der Schlucht zu betrachten: wie sieht der ideale Literaturwissenschaftler aus der Sicht des Schriftstellers aus? Man kann sicher bestreiten, daß es ihn überhaupt gibt. Ein Punkt, den man nicht unterschätzen darf, ist natürlich, daß jeder Literaturwissenschaftler, der sich einem Schriftsteller nähert, um ihn zu erklären, sich einem Angeklagten, einem Verdächtigen, einem möglichen Objekt für Enthüllungen nähert. Ungefähr wie der klassische Kriminalroman die handelnden Personen streng in Demaskierende und Demaskierte einteilt, so macht die Deutungsabsicht dasselbe. Der Deutungswiderstand, von dem Freud in psychoanalytischem Zusammenhang spricht, ist natürlich immer eine Realität. Und dies braucht wohlgemerkt nicht immer ein psychologischer Widerstand zu sein. Es gibt einen Deutungswiderstand, einen Widerwillen gegen die Fähigkeit oder vermeintliche Fähigkeit der Deutung, hingelegte Karten in ihrer einmal gegebenen Ordnung durcheinanderzubringen, der eng verwandt ist mit der Verzweiflung eines Fliesenlegers, wenn die Kunden über seinen Boden zu gehen beginnen, bevor der Kleber hart geworden ist. Jeder Text, der durch Verstand und Absicht, und nicht nur als ein Werk des Zufalls entstanden ist, hat einen bestimmten inneren Zusammenhang, eine Leimung, die sowohl die semantische wie auch die biographische Deutung als ätzende Säuren auffassen *kann*.

Wenn ich mich recht erinnere – ich zitiere frei aus dem Gedächtnis –, sagt Thomas Mann irgendwo in bezug auf Tonio Kröger, daß es immer etwas peinlich und eigenartig ist, wenn man im Leben des Künstlers nach den Wurzeln eines Kunstwerks zu suchen beginnt.

Ich glaube, daß dieses Gefühl, das sicherlich bei den meisten Dichtern vorhanden ist, nicht so sehr mit dem Unbehagen, sein Privatleben in die Öffentlichkeit gebracht zu sehen, verbunden ist. Hier existiert ein viel tieferes Unbehagen: schreiben heißt in gewisser Weise, sein Leben unschädlich zu machen, indem man es aus dem lebenden Körper in die Kühle des Textkörpers überführt, daß man Dinge aus seinem Leben hinaus in die Literatur hineinstellt. Der Literaturwissenschaftler, speziell der biographische Literaturwissenschaftler droht diese Ordnung aufzulösen, indem er, wenngleich nur für einen Augenblick, den Dingen ihre gewohnten Plätze raubt.

Ebenso sehr glaube ich, daß die Angst vor Enthüllung überhaupt keine so große Rolle im Verhältnis des Schriftstellers zum Literaturwissenschaftler wie eine ganz andere Tatsache spielt:

Jeder Literaturwissenschaftler, der sich einem lebenden oder toten Schriftsteller, der nur als Textkörper anwesend ist, nähert, muß sich klar darüber sein, daß er sich einem Konkurrenten nähert. Der Autor ist natürlich, bewußt oder unbewußt, der

Besitzer des ersten und ursprünglichsten Deutungsvorschlags, und wie Nietzsche richtig in einer Notiz aus den achtziger Jahren (Schlechta III 487) hervorhebt: Interpretieren ist nicht nur normativ in dem Sinn, daß es immer jemanden gibt, der interpretiert.

Es existiert überdies eine Form der Willensäußerung, der Norm im *Interpretieren* selbst, oder wie Nietzsche sagt, das Interpretieren ist ein *Affekt.*

Dieser Affekt bleibt wie eine Aura in allen Texten. Sie wollen verstanden werden, und sie wollen in einer spezifischen Weise verstanden werden. Eine Erfahrung, die ich in meinem Schriftstellerleben gemacht habe, ist, daß die eigene Einstellung gegenüber einem Übersetzer zwar nicht notwendigerweise aggressiv, leicht aber immer voller Widerstand ist, *high-strung* würde vielleicht ein Amerikaner sagen. Liebe und Haß liegen nahe beieinander, manchmal hat man es schwer, miteinander auszukommen. Dies hat für meine psychologische Intuition etwas mit Schulerfahrungen zu tun. Niemand von uns schätzt es, wenn man uns *nachäfft*, wenn jemand hinter unserem Rücken hinkt wie wir, watschelt wie wir, den Kopf schief hält wie wir. Der Übersetzer – Segen über ihn! – äfft uns auch nach, wiederholt unsere verbalen Gesten, und mitten in dem Angenehmen, das für einen Autor einer kleinen Sprache mit dem Übersetztwerden verbunden ist, bleibt immer die kleine scharfe Irritation, die etwas mit dem Nachgeäfftwerden zu tun hat, ungefähr wie ein übersehenes Knopfloch in einem neu gekauften Hemd. Der Literaturwissenschaftler, der Deutungskonkurrent ist ein Mitinteressent beim Lesen, in der Öffentlichkeit, bei der Nachwelt, aber in seiner Eigenschaft als Interpret ist er Konkurrent.

Im subtilen Kampf zwischen Literaturwissenschaftler und Autor hat natürlich der Autor einen unsportlichen Vorteil teils durch seine so gut wie unzähligen Möglichkeiten, Spuren zu verwischen, teils durch eine Autorität, die nicht nur abergläubig ist, nachdem der Autor die ganze Zeit über die größten Sachkenntnisse verfügt.

Dieser oft subtile Konflikt betont natürlich ein bekanntes literaturgeschichtliches Methodenproblem: inwieweit soll man spätere Äußerungen eines Autors über die Absicht eines Textes, den er an einem früheren Zeitpunkt schrieb, berücksichtigen?

Es gibt freilich keine allgemeine oder formalisierbare Antwort auf eine solche Frage, genausowenig wie man auf einmal in der Mechanik die Lage einer Partikel und die Bewegungsmasse bestimmen kann. Was gelten soll, ist letztlich ein Akt des Beurteilens, ein Willensakt des Wissenschaftlers und genau die Art von Handeln, bei dem der Wissenschaftler dem Autor immer schmerzhaft erscheint.

Wie ich hier ausgeführt habe, ist der Wissenschaftler jemand, den der Schriftsteller weder als Freund noch als Feind erlebt. Das Verhältnis ist problematischer und komplizierter, ungefähr wie unser Verhältnis zu Erbtanten oder Freunden, die plötzlich in reiche Stipendienausschüsse gewählt worden sind.

Der Wissenschaftler besitzt, wenn er irgendeine Qualifikation hat, den Schlüssel für zumindest eine kleine Einfahrt, die, wie man erwartet, die Türen zu dem lichtdurchfluteten Raum, wo das Publikum der Zukunft sitzt, eröffnet. Zugleich ist er wie alle Wächter ein Problem: man muß ihn drängen.

Der Literaturwissenschaftler kann ein unerhörter Gewinn sein, wenn er alte Mißverständnisse, z. B. von Kritikern, zurechtrückt, und es wirkt auf den Schriftsteller sehr ermüdend, wenn er aus Unselbständigkeit oder Mangel an Energie die alten Fehldeutungen ganz einfach vergrößert und weitergibt, die immer wie ein Wall um den ursprünglichen Explosionskrater der Dichtung liegen.

Eine besondere Komplikation, die es wert ist, sich länger damit zu beschäftigen, liegt dann vor, wenn der Autor zu Hilfe geholt wird, um seinen eigenen Text zu untersuchen. Dies kann auf verschiedene Weise geschehen. In der einfachsten Form bittet der Wissenschaftler den Autor zu erklären, was er z. B. mit einem schwerverständlichen Gedicht gemeint hat. Nehmen wir an, der Verfasser antwortet. Auf welchem theoretischen Niveau liegt seine Antwort? Hat sie eine höhere Dignität als die Aussagen anderer über dasselbe Gedicht?

Man kann darüber verschiedener Ansicht sein, ich halte es aber für sehr notwendig, eine Sache festzuhalten: wenn ein Autor seinen eigenen Text kommentiert, fügt er in Wirklichkeit mehr Text einem Textkörper hinzu, der sich bereits in Untersuchung befand. Und es gibt keine dem Autor zugängliche Operation, die es ihm ermöglichen könnte, diese Tatsache zu umgehen.

Es existieren einige vielleicht zu spekulative, jedoch verlockende Überlegungen, die sich fast unmittelbar in diesen Zusammenhang einfügen und die mit Selbsterkenntnis zu tun haben. Die Tatsache, nie den Kommentar zu seinem eigenen Text, sondern nur »mehr von derselben Art« produzieren zu können, ist natürlich nur ein Spezialfall eines topologischen Gesetzes: man kann ein System in sich selbst abbilden, aber nicht völlig erschöpfend.

Nehmen wir an, wir sitzen an einer Staffelei und wollen nicht nur das Atelier und die Staffelei, sondern auch das Darstellen selbst darstellen.

Wohin sollen wir den Bleistift plazieren, der den Bleistift zeichnet, der zeichnet?

Er befindet sich offensichtlich *außerhalb* des Bildes, und wenn wir ihn ins Bild setzen, ist er nicht mehr abbildend, sondern nur noch ein Stück Bild.

Es gibt einen blinden Fleck in jedem System, ein Stück, das sich allen Eingriffen von allen anderen Systemebenen entzieht. Wenn ich selbst eine der Personen in einem Buch, das von einem anderen gedichtet worden ist, wäre, könnte ich unmöglich die Beschaffenheit des Buchs in meinem eigenen Text beschreiben, ebenso wenig wie meine Bücher ahnen, daß ich existiere.

Die Unmöglichkeit, in fundamentalem Sinn den Autor als Zeugen für oder gegen sein eigenes Werk zu verwenden, ist mit der Unmöglichkeit verwandt, ein unabgeschlossenes Leben zu überblicken oder drei Romane zu schreiben, deren Verfasser Fiktion im jeweils anderen Roman ist, ohne Zugang zu einem Verfasser zu haben, der Fiktion in einem vierten Roman ist. (Der interessierte Leser wird auf Douglas R. Hofstaedters amüsantes und tiefsinniges Buch *Gödel, Escher, Bach*, New York 1979 und Umberto Ecos *La struttura assente* (deutsch: *Einführung in die Semiotik*, München 1972) hingewiesen.

Das selbstreferentielle Problem ist in der Literaturwissenschaft oft übersehen worden. Und dies hat seinerseits zur Folge, daß ein großer Teil dieser Wissenschaft ihren eigenen Charakter der Fiktion übersehen hat.

Es ist aber auch diese Einschränkung, die es uns ermöglicht, wie Autoren manchmal die Erfahrung zu machen, als ob unsere Bücher mehr von uns selbst wüßten als wir von unseren Büchern.

Dieses Gefühl, heftig an sich selbst erinnert zu werden, oder noch stärker, in höflicher Form einer Variante seiner selbst vorgestellt zu werden, die man nicht kannte, der man trotzdem widerwillig eine legitime Existenz unter seinem eigenen Namen zuerkennen mußte.

Einige Male habe ich diese Erfahrung gemacht, am stärksten vielleicht, als Karl-Heinz Bohrer mich heranzog, ein viel größeres und weiter verzweigtes unterirdisches Netz utopischer und antiutopischer Bewegungen in der europäischen Literatur in seinem Werk *Der Lauf des Freitag* (München 1973) zu beschreiben. Diese Erfahrung ist eng verknüpft mit dem Gefühl, daß die Poesie – trotz allem – ein Medium der Erkenntnis ist. Ein Instrument der Wirklichkeitserforschung, wenn auch mit anderen kombinatorischen Mitteln als denen der institutionalisierten Wissenschaft.

Als ich zum erstenmal wagte, *crème au caramel* nach dem Kochbuchrezept zu machen, und folglich mit der Menge geschmolzenen Zuckers, der die Form innen überziehen sollte, begann, war eines meiner Probleme, daß ich tatsächlich nicht wußte, wie Zucker aussehen würde, wenn er geschmolzen ist. Die Worte »geschmolzener Zucker« konnten das Bild nicht vermitteln, das überraschende Bild, das allmählich aus der Tiefe der Schmelzpfanne hervortrat. In all seiner Einfachheit handelt diese Erfahrung davon, was die Poesie machen kann.

Sie kann für einen Augenblick die normale Leimung zwischen Wort und Begriff auflösen, zeigen, daß es Fugen gibt und daß die Welt eine andere Welt sein konnte. Die Poesie ist die Wachstumszone unserer Begrifflichkeit.

Der wirklich qualifizierte Wissenschaftler kann einen Beleg für die erkenntnisschaffende Wirkung des Gedichts beibringen, er läßt es als ein Puzzleteil erscheinen, nicht in einem psychologischen, sondern in einem Puzzle der Welt.

Es verläuft heute eine Grenze durch die Literaturwissenschaft zwischen Forschern, die vor allem von französischen Größen wie Barthes und Derrida beeinflußt sind und den textinternen Charakter der Literatur betonen, und denen, die in soziologischer oder psychologisch-biographischer Tradition die ontologische Verankerung des Gedichts außerhalb des sprachlichen Spiels sehen. In dem Konflikt neigen die Schriftsteller natürlich dazu, gegen die Neostrukturalisten Stellung zu nehmen, da sie das Gefühl haben, ungern Steine in einem Sprachspiel, Überlagerungen von seit ewigen Zeiten existierenden Diskursbrocken abgeben zu wollen. Noch schlimmer als auf Psychologie oder auf Klassengegensätze reduziert zu werden, erscheint es den Schriftstellern, zu Sammelplätzen in »Textkörpern« reduziert zu werden.

Die Wahrheit bleibt vermutlich wie immer auf Abstand. Und keine literaturwissenschaftliche Methode, ebenso wenig wie eine physikalische, wird jemals den Anspruch erheben können, endgültig zu sein.

Was die neostrukturalistische Problematik kompliziert, ist natürlich die Tatsache, daß auch sie zu unausgesprochenen Voraussetzungen gezwungen ist, zur Annahme einer *struttura assente* in Umberto Ecos Sinn, ein weiteres Erklärungsprinzip für die Unterschiede und Ähnlichkeiten, mit denen auch diese diskursorientierte Betrachtungsweise leben muß.

Die Spur dieser abwesenden Struktur verliert sich im trächtigen Dunkel des Schaffens.

Editorischer Hinweis

Die meisten Aufsätze dieser Auswahl, die in Zusammenarbeit mit dem Autor getroffen wurde, sind dem Sammelband *Bilderna på Solstadens murar. Essäer om ont och gott* (Stockholm 1985) entnommen.

Die Essays »Ästhetik um 1900«, »Bevor alle Züge abfahren und alle Uhren stehenbleiben«, »Moosbrugger spuckt aus« und »Der Literaturwissenschaftler aus der Sicht des Schriftstellers« stammen aus *Stunder vid ett trädgårdsbord. Stycken om konst och litteratur* (Stockholm 1984).

»Baudelaire: Fallhöhe und Zeit« ist das Vorwort zu einer schwedischen Übersetzung der *Fleurs du Mal* durch Ingvar Björkeson (Stockholm 1986).

»Über die Liebe zu Fragmenten« wurde zuerst bei der Verleihung des »Prix Européen de l'Essai Charles Veillon 1983« an Lars Gustafsson gehalten und als Sonderdruck der Fondation Charles Veillon (Bussigny 1985) veröffentlicht. Die hier vorliegende Fassung ist leicht verändert.

»Negation als Spiegel« erschien bereits im 1. Band des von Wilhelm Vosskamp herausgegebenen Sammelwerkes *Utopieforschung. Interdisziplinäre Studien zur neuzeitlichen Utopie* (Stuttgart 1982). Wir drucken ihn mit freundlicher Genehmigung des Metzler-Verlages.

»Die Wege der Freiheit bei Luther, Descartes und Sartre« ist gegenüber dem Original gekürzt und wurde bereits in den Schweizer Monatsheften 64 (1984), Heft 7/8 gedruckt.